Mastering Business
for Strategic Communicators

决战沟通

像商界精英那样思考和行动

[美] 马修·拉加斯（Matthew W. Ragas）
罗恩·卡尔普（Ron Culp） 主编

谢天 译

中国科学技术出版社
·北 京·

图书在版编目（CIP）数据

决战沟通：像商界精英那样思考和行动 /（美）马修·拉加斯,（美）罗恩·卡尔普主编；谢天译 . —北京：中国科学技术出版社，2022.7

书名原文：Mastering Business for Strategic Communicators

ISBN 978-7-5046-9562-8

Ⅰ . ①决… Ⅱ . ①马… ②罗… ③谢… Ⅲ . ①管理学 Ⅳ . ① C93

中国版本图书馆 CIP 数据核字（2022）第 121728 号

策划编辑	何英娇　赵　霞	责任编辑	孙倩倩
封面设计	马筱琨	版式设计	锋尚设计
责任校对	张晓莉	责任印制	李晓霖

出　　版	中国科学技术出版社
发　　行	中国科学技术出版社有限公司发行部
地　　址	北京市海淀区中关村南大街 16 号
邮　　编	100081
发行电话	010-62173865
传　　真	010-62173081
网　　址	http://www.cspbooks.com.cn

开　　本	880mm × 1230mm　1/32
字　　数	167 千字
印　　张	6.75
版　　次	2022 年 7 月第 1 版
印　　次	2022 年 7 月第 1 次印刷
印　　刷	北京盛通印刷股份有限公司
书　　号	ISBN 978-7-5046-9562-8/C · 205
定　　价	69.00 元

编委会

乔恩·哈里斯（Jon Harris），
康尼格拉食品公司（Conagra Brands）

克拉克森·海恩（Clarkson Hine），
宾三得利公司（Beam Suntory）

乔·杰克西（Joe Jacuzzi），
通用汽车公司

理查德·吉尔伯格（Richard Kylberg），
艾睿电子公司（Arrow Electronics）

彼得·马里诺（Peter Marino），
米勒康胜啤酒公司、第十布莱克啤酒公司（MillerCoors, Tenth and Blake Beer Company）

凯利·麦金尼斯（Kelly McGinnis），
李维斯公司（Levi Strauss & Co）

马特·皮考克（Matt Peacock），
沃达丰集团（Vodafone Group）

马修·拉加斯，
德保罗大学

安吉拉·罗伯茨（Angela Roberts），
美国兽医协会（American Veterinary Medical Association）、蓝十字与蓝盾协会

琳达·卢瑟福（Linda Rutherford），
美国西南航空公司（Southwest Airlines）

斯泰西·夏普（Stacy Sharpe），
好事达保险公司（Allstate Insurance Company）

加里·谢弗（Gary Sheffer），
万博宣伟公关公司（Weber Shandwick）

安德鲁·所罗门（Andrew Solomon），
麦克阿瑟基金会（John D. and Catherine T. MacArthur Foundation）

B. J. 塔利（B. J. Talley），
泰科电子公司（TE Connectivity）

安妮·图卢兹（Anne C. Toulouse），
波音公司（Boeing）

尼克·提森（Nick Tzitzon），
思爱普公司（SAP）

杰弗里·温顿（Jeffrey A. Winton），
安斯泰来制药公司（Astellas Pharma）

本书赞誉

迈克·费尔南德斯
（Mike Fernandez）
美国博雅公关公司首席执行官

本书是一部佳作，有志于在组织中负责传播工作的人都需要读一读这本书。本书明确指出，要成为优秀的传播人员，你必须先成为业务领导者，懂得挖掘数据和人际关系，并找到将战略转化为关系和结果的方法。

高卓
（Ray Kotcher）
波士顿大学传播学院教授、
凯旋公关公司非执行董事长

马修和罗恩承担着一项使命：为初入公关行业者普及商业基础知识，促使他们有更多机会参与决策。本书的一些章节是由一些有成功经验的传播人员撰写的，书中也汇集了一些知名企业高管的洞见。本书将极大地帮助学生以及那些探索职业发展之路的人更加轻松和全面地从战略传播的角度理解商业。我在波士顿大学授课时使用过他们合著的第一本书——《战略传播的业务要领》（*Business Essentials for Strategic Communicators*）。我也会在实践中使用本书的技巧。

蒂娜·麦科金代尔
（Tina McCorkindale）
公共关系研究所（非营利性研究基金会）主席兼首席执行官

哇！多么优秀的一本书！本书包含行业佼佼者讲述的故事和见解，商业、传播和公关领域的学生和从业者一定都要读这本书。

托罗德·内普丘恩
（Torod Neptune）
联想集团全球传播副总裁兼首席传播官[①]

本书汇集了一些有丰富实战经验的商业领袖对职业定义的见解。我和我的团队成员会将本书作为必读书和旅行伴侣。

巴里·拉弗蒂
（Barri Rafferty）
凯旋公关公司合伙人兼总裁

企业战略传播负责人为高管提供了支持，他们就提升股东价值、在危机中保持信任和提高声誉等方面为企业提供咨询服务。本书为不同的公司在不断变化的媒体传播环境中如何排除“地雷”提供了有效方法。

比尔·海曼
（Bill Heyman）
海曼公司（Heyman Associates）
总裁兼首席执行官

本书是一部简洁易读且引人入胜的作品。它很好地记录了这个行业的发展历程以及未来趋势。书中业内很多杰出人士的见解为那些想要成为资深顾问并在决策桌旁有一席之地的人提供了帮助。任何有志于从事传播工作的人都要认真阅读本书。

马特·库查尔斯基
（Matt Kucharski）
帕迪利亚公司（Padilla）总裁
明尼苏达大学新闻与大众传播学院副教授

我曾向几十位同事推荐了马修和罗恩的第一本书《战略传播的业务要领》，并将它作为我授课的主要教材之一。而现在，我发现有必要为本书腾出空间。本书从战略传播领域的一些领军人物那里收集到一些观点，非常及时且全面，不仅对于传播专业的人士，而且对于希望真正了解传播在实现业务目标中所起到的作用的企业高管来说，都应该是一本必读书。

① 首席传播官（CCO）：企业高管团队成员，主要负责管理组织的内部和外部传播，并时常为首席执行官提供咨询。

马特·蒂德威尔
（Matt Tidwell）
堪萨斯大学整合营销传播研究生课程主任

马修和罗恩的新书提供了合理的建议和可操作的步骤，年轻的传播人员可以据此武装自己，在岗位上展示自己的最大价值。两位作者从一些世界知名传播人员那里收集了大量的故事，本书不仅可以帮你赢得参与决策的机会，也将使你终身受益。

玛丽亚·莱恩·里奥斯
（María Len-Ríos）
佐治亚大学格雷迪新闻与大众传播学院公共关系学副教授

马修和罗恩难得地从该领域杰出的专业人士那里收集到了最新的成果，为学生提供了一个内部视角，了解传播专业的人士如何帮助企业抓住机遇、应对变化、传播事实和引领行业。本书中的研究成果、观点和案例对于读者获得有用的商业见解、在企业中成功开展传播工作是不可或缺的。

蒂姆·潘宁
（Tim Penning）
大峡谷州立大学传播学院广告和公共关系学教授

马修和罗恩对他们合著的第一本书——《战略传播的业务要领》进行了广泛跟进。这本新作提供了当今优秀传播决策者的敏锐洞见。通过案例和引人入胜的写作风格，本书将成为传播专业的学生以及渴望晋升高管的专业人士的知识宝库和灵感源泉。

布鲁斯·哈里森
（E. Bruce Harrison）
乔治敦大学教育学院公共关系与企业传播学教授

马修和罗恩为企业传播人员以及我们这些为新一代学生传授知识的人，提供了一本言简意赅的书，阐述了如何维持利益相关者[①]价值

① 利益相关者：在组织活动中具有共同利益或利害关系的个人或团体，包括客户、员工、供应商、投资者和社区。

的现状。在此基础上，两位作者为我们提供了来自公司和组织领导者的直接、精练、通俗易懂的建议，解答了如何维持和加强与关键利益相关者的联系，以及如何调整企业战略。

凯南·布朗
（Kenon A. Brown）
亚拉巴马大学广告与公共关系学助理教授

现代传播专业人员不仅要熟悉“商业的奥秘”，还必须了解营销、财务和其他部门对组织的作用。马修和罗恩的这本书延续了他们的上一本书的内容，提供了负责决策的传奇人物和专家的真实建议。任何想要成为高管的传播专业的人士都需要阅读本书。

马琳·尼尔
（Marlene S. Neill）
贝勒大学新闻、公共关系和新媒体专业助理教授

对于渴望晋升管理职位的年轻专业人士来说，本书是个不错的资源。本书吸纳了包括运营、人力资源、法律等方面企业高管的建议，对此我深表赞赏。首席传播官提供的建议是基于自身经验的，因此他们最有发言权。我强烈推荐本书给年轻的专业人士和学生，尤其是对管理和领导力有兴趣的人士。

杰西·辛托
（Jesse Scinto）
哥伦比亚大学战略传播研究生课程开发副主任

马修和罗恩为战略传播领域提供了非常有用的指南。我们可以直接从行业领军人物那里了解到，成为决策者的战略顾问意味着什么，以及如何使用商业语言和如何提高公司的影响力。本书为我们提供了参与决策和了解行业未来的机会。

肯·克里根
（Ken Kerrigan）
万博宣伟公关公司执行副总裁、纽约大学公共关系和企业传播研究生院副教授

在《战略传播的业务要领》一书中，马修和罗恩为公关专业的学生和新兴专业人士提供了一份路

线图，帮助他们掌握关键的商业技能，从而获得参与关键决策的机会。在本书中，他们汇集了一些德高望重的企业传播负责人的观点和人生经验，因此本书不仅可读性强，还提供了一门大师课，教我们有机会参与决策时该做些什么，更重要的是如何保持岗位竞争力。对于想成为首席传播官或打算与首席传播官合作的人来说，这是一本必读书。

蒂莫西·兰特·霍华德
（Timothy Lent Howard）
加利福尼亚州立大学公共关系学教授

本书明确阐述了拥有商业智慧的高管所必备的技能。如果你在组织中担任传播领域的高层职务，或者渴望获得这样的职位，那么你一定要用一个周末的时间好好读一读本书——一本发人深省的优秀图书。

内森·吉尔克森
（Nathan Gilkerson）
马凯特大学迪德里希传播学院战略传播学助理教授

写作和说服能力对如今的传播专业人士已经不够用了。为了取得成功，如今的传播专业人士需要对商业世界有着充分的了解。马修和罗恩在本书中汇集了来自不同行业和领域的杰出高管的观点。他们分享的智慧和洞见对于战略传播专业的学生以及业内的专业人士来说都是无比宝贵的。

克里斯托弗·威尔逊
（Christopher Wilson）
杨百翰大学传播学院公共关系学助理教授

除了经验丰富的首席传播官，还有谁能根据自己多年的经验智慧，将复杂的业务管理转化为通俗有趣的故事呢？对于那些想要在商界大显身手的传播人士来说，本书是一本必读书。

谨以此书献给特蕾茜
（Traci，马修的妻子）和桑德拉
（Sandra，罗恩的妻子），以及
我们的学生——他们每天都激
发着我们的灵感，他们是这个
领域未来的领导者。

序言

马修·拉加斯和罗恩·卡尔普合著的第一本书《战略传播的业务要领》阐述了一个基本事实，即参透商业原理是在战略传播领域取得成功的前提。

本书将对话提升到了一个新的层次。在这里，我们将学习如何与具有专业知识的高管一起开展公司业务。要想成为合格的同事——有时领导他人，有时服从他人领导，但始终与他人合作——需要能够从战略角度应对商业挑战，并掌握优秀领导者所特有的人际交往能力。

我在安泰保险公司负责传播业务期间，公司曾一度濒临破产。董事会聘请了新的首席执行官杰克·罗（Jack Rowe），他决心通过新的战略、新的经营模式和文化变革来扭转公司局面。他重点关注优质医疗，希望让公司更积极地响应医生和患者的需求，同时更专注于推广优质医疗成果，对于这些想法我表示支持。但是杰克换掉了高管团队的大部分成员，我认为这并不合理。

杰克上任几星期后，有一天他叫我去办公室。我以为他会宣布解聘我的消息。正相反，杰克说："我想让你牵头改革公司文化。"我非常震惊。这不是我的专业，我也不知道该怎么做。

这项任务很艰巨。安泰保险公司是一家拥有百年以上历史的公司，有着根深蒂固的保险公司文化，厌恶风险且有固定的流程。它最近刚收购了一家厌恶流程的创业公司，两家公司的合并引发了一场没有硝烟的企业文化"战争"。

我们需要客观地思考发展中的新战略和经营模式需要什么样的文

化要素。我们需要问自己：谁主导着企业文化？答案是：不是某个具体的部门或个人——不是人力资源部，更不是首席执行官，而是公司所有人共同主导的。

我与要好的同事、人力资源部主管埃利斯·赖特（Elease Wright）和顾问乔恩·卡森巴赫（Jon Katzenbach）建立了合作关系。为了牵头开展文化变革这项工作，我们成立了一个临时的“组织效能理事会”。根据杰克的指令，公司的每一个部门都必须由一名高管来领导。我的任务是通过不断取得小的成就来实现大的成功，进而带动公司每个人，包括那些步调偏慢的人。

幸运的是，我在国际商业机器公司（IBM）积累的管理经验，帮助我为这项任务的完成争取到了必要的合作。总的来说，你需要做到以下三点：

（1）有头绪。你必须了解业务。对我来说，我需要了解企业文化对经营和战略产生了哪些影响。你或许不会像行业专家那样知识渊博，但如果你不能理解和战略性地思考复杂问题，那么你可能会被淘汰。

（2）有勇气。所有企业都有培养群体思维的倾向。大家一起工作，相互理解，分享相似的经历。这是一种力量，但当变革来临时，人们需要勇气挑战传统思维方式。

（3）有“追求”。有追求他人的决心，可以极大地激发人的灵感和动力。与身经百战的高管合作需要传播人员熟练掌握一些技能：积极聆听和缜密思考。

我们的“组织效能理事会”每月召开一次会议，收集来自整个组织的意见，并制定新的使命宣言、价值观和经营准则。最重要的是，我们通过流程和对话使公司员工接受了新的文化。最初员工有些怀疑，有些人甚至表示抵制。但我们在整个公司内部培养了一些忠实的拥护者，这些人可以帮助我们对内传播。六年后，杰克和我离职时，公司已经重新建立起了荣誉感，并获得了巨大利润。

马修和罗恩将成功的教育者和传播从业者的丰富经验汇集到一本书中。他们邀请到世界各地一些顶尖的传播人员撰文，来阐述如何与跨部门和职能的高管有效合作。

本书的诞生非常及时，因为传播工作对于企业的成功比以往任何时候都更为重要。战略传播负责人必须在整个企业范围内凝聚力量，建立一种有助于赢得信任的企业文化，同时有必要让企业所有部门积极争取利益相关者的参与。

本书值得放在手边，随时拿起来翻阅。

阿瑟·佩奇协会（Arthur W. Page Society）

主席罗杰·博尔顿（Roger Bolton）

前言

战略传播与商业的关联越来越紧密。

传播人员、教育者和组织领导者逐渐认识到，为了让传播部门和机构为组织、利益相关者乃至整个社会提供最大价值，战略传播者必须是具有传播领域专业知识的商业人士。

最后一句话代表着一种模式的转变，我们暂时将它放在一边。

幸运的是，在许多大型组织内部，传播部门越来越赢得高管的青睐，针对“该做什么”（决策制定），而不仅仅是“该说什么”或“如何说”向他们提供建议。

承担专家和顾问职责（而不仅仅是熟练掌握技术）的人需要更多的商业智慧，除首席传播官和高级专业人员外，他们手下的中级和初级团队成员也同样如此。当更多的专业人士提升自己的传播能力并掌握商业要领，从而更好地在企业内外制定和宣传目标与战略时，整个行业甚至全社会都会受益。如果一个领域的专业人士精通技术但缺乏战略管理能力，那么我们不宜将该领域称作“战略传播”。

好消息是我们亲眼见证了机构、组织内部团队和大学的传播项目是如何提高了人们对培养商业智慧的重视程度。传播从业者和教育者对我们两人合著的第一本书《战略传播的业务要领》作出了积极的回应，这使我们感到振奋。从反馈来看，读者尤其喜欢该书中对该领域高管的采访内容。商业概念和术语以及对于这些知识的投资回报，在通过真实故事加以展现时变得越来越具体。

本书的内容正是建立在读者的反馈和行业的持续发展基础之上。

战略传播者在企业和社会中都具有独特的优势。因此，高管越来越多地让战略传播者担任跨部门和职能的发起人、合作者和整合方。为了完成此类任务，传播人员不仅需要具备一般的商业头脑，还要对主要决策部门和职能——包括营销、财务、人力资源、投资者关系、公司战略、法务、数据科学和技术等有深刻的了解。

因此，我们邀请该领域许多资深的战略传播负责人分享他们在与具体的决策部门和高管人员共事时获得的洞见和经验。我们特地选择了不同背景、行业和地区的受访者，从而了解多种不同的想法和经历。这些人帮助推动企业战略落地，保护了价值数十亿美元的品牌声誉，提供了数万个工作岗位，为数百万人提供了产品和服务。

在每位行业领袖为本书撰写的文章后面，都有一个简短的“职业亮点”问答部分。此外，为了提供有价值的外部与内部视角，每篇文章还包含《高管视角》专栏，由该篇文章作者所在组织的一位现任或前任高管发表意见。希望这些外部观点可以给你一些启发。

感谢这些“商业大师”慷慨地分享自己的见解和经验，帮助我们完善知识体系。教育者和实践者之间的合作仍然非常欠缺。我们希望通过本书加强未来的合作。

马修·拉加斯

罗恩·卡尔普

目录

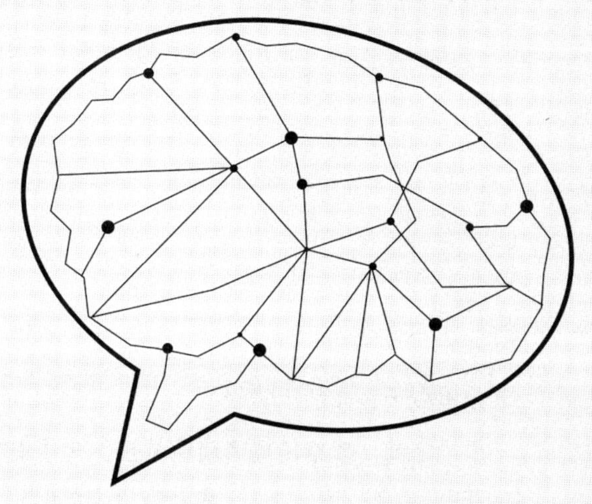

第一部分

概述

第一章

为决策者建言献策：商业智慧案例

马修·拉加斯、罗恩·卡尔普 | 德保罗大学

我想成为企业的决策者。

很早之前，战略传播者就曾提出，为了有效开展工作，他们需要“在决策桌旁有一席之地”，或者有机会接触到负责决策的人。研究表明，在过去十几年中，首席传播官越来越多地加入组织领导团队中，或者至少为高管提供建议。在一个信息更加透明的世界中，企业必须赢得并维持利益相关者的信任，企业声誉和品牌形象成为竞争优势的来源，首席传播官和战略传播者任重道远，企业对他们的期望也有所增多。

随着传播工作在企业中地位的提升，首席传播官——以及为传播工作提供支持的各部门人员——应具备的知识和技能发生了变化。专业和学术领域也探讨过传播人员在推进企业目标实现的过程中所应掌握的新技能。

未来战略传播人员应具备的知识和技能

传播从业者和教育者通常一致认为，传播人员必须牢牢掌握管理、财务、营销、人力资源、信息技术和数据科学、供应链、创新和

转型等主要业务领域的基础知识。专业人士往往将这些基础知识和具体行业的知识统称为商业智慧。长期以来，有些教育者始终认为，了解商业的奥秘对于培养未来的战略传播人员至关重要。近年来，这一观点已被更多人接受。

例如，丹尼斯·威尔科克斯（Dennis Wilcox）和格伦·卡梅伦（Glen Cameron）在《公共关系：战略和战术》（*Public Relations: Strategies and Tactics*）一书中提出了六项基本职业技能，包括：（1）高效写作能力；（2）研究能力；（3）规划能力；（4）解决问题的能力；（5）商业与经济学水平；（6）社交媒体专业知识。书中还提出："公共关系作为一项管理职能越来越受重视，该专业的学生需要掌握商业和经济学的基本原理。"我们可以由此得出一个重要结论：传播专业人员通过对商业有更深入的了解来提升自己的一些基本技能，如解决问题的能力，从而更好地找到潜在的解决方案。

当然，需要强调的是，商业智慧本身并不是确保成功开展战略传播或推进行业发展的"至高无上"的方法。有一些研究强调从业者应具有商业智慧。例如，在美国南加州大学新闻与传播学院2017年发布的《全球传播报告》（*Global Communication Report*）中，受访者给一系列有助于企业未来发展的关键技能打分，结果商业素养（64%的人认为重要）处于中间位置，战略规划（89%）排在第一位，媒体购买（18%）位列最后。当然，要获得"全局观"，进而在战略规划工作中作出重大贡献，从业者不仅需要具备一般性的商业智慧，还要深入了解具体的行业和组织。

未来的首席传播官

阿瑟·佩奇协会是一个专业组织，由世界各地的高级战略传播者、机构负责人和杰出学者组成。多年来，该协会开展了非常详细的研究和思想领导工作，探索未来的公司首席传播官和传播人员应具备的知识和技能。该协会采用混合方法开展研究，研究结论表明，未来的首席传播官和传播部门将在激发企业个性和开展有效的宣传方面发挥以下作用：

（1）基础作用：首席传播官将成为战略业务负责人和顾问、企业声誉的维护者和有效的沟通者。

（2）整合作用：首席传播官将负责推动企业各部门之间的协作，整合战略重点。在此方面，首席传播官需要与首席执行官和其他高管直接沟通。

（3）打造数字参与系统：首席传播官将通过数据来了解员工；打造渠道和平台，与员工直接沟通；推动员工参与决策制定和战略规划。

在评估不断变化的组织格局时，脉搏点公司（Pulse Point）联合创始人、阿瑟·佩奇协会技能和能力委员会联合主席鲍勃·费尔德曼（Bob Feldman）认为，“基本业务技能仍然是必需的”，并且“对一般性领导技能的需求比以往任何时候都更强烈”。根据阿瑟·佩奇协会及佩奇阿普（Page Up）[①]机构成员的反馈，传播专业人员应具备的最关键能力如下：

◎ 战略商业思维；

◎ 应对模糊性和复杂性；

◎ 提供大胆的建议；

◎ 解决问题；

◎ 商业智慧。

① 佩奇阿普（Page Up）：隶属于阿瑟·佩奇协会，是协会最高层领导的组织，致力于培养下一代首席传播官。

费尔德曼认为，公关和企业传播部门的人缺乏更高层次的商业智慧，因而阻碍了企业领导者对这一领域的理解：

在高管眼中，一个部门的崛起取决于组织中每个人的地位、商业智慧和业绩。职能部门的人往往不具备强大的商业智慧，这意味着它通常被视为一种战术而非战略。

这些评论大多与阿瑟·佩奇协会和佩奇阿普机构成员在2014年秋季举行的一场活动中的讨论结果相符，这场为期几天的全球在线头脑风暴活动探讨了首席传播官和企业传播人员的未来。约翰·小野田（John Onoda）是福莱国际传播咨询公司（Fleishman-Hillad）的高级顾问，曾担任嘉信理财（Charles Schwab）、通用汽车、维萨（Visa）和李维斯等公司的高级传播主管，他根据自己几十年的领导经验指出："在思考我自己与不同的首席执行官和董事长之间的关系时，我发现最有助于加强这种关系的似乎是我的商业智慧，而不是传播技巧。"

在同一场活动中，美国圣母大学范宁商业传播中心的管理学教授詹姆斯·奥洛克（James S. O'Rourke）表示，拥有商业智慧仅仅可以帮助战略传播人员掌握更多信息、提高工作效率。根据奥洛克的说法，"除非我们每个人都了解公司如何赢利、成长、获得市场份额以及如何直接参与市场竞争，否则我们讲的故事就会显得肤浅且空洞。"

阿瑟·佩奇协会在研究中还采访了20多位大型公司的首席执行官，了解他们对首席传播官的期望，以及整个传播行业的看法。研究结果表明，首席传播官的总体业务知识现在成了"赌桌上的筹码"。具体来讲，这项针对首席执行官的研究发现：

过去几年，首席执行官曾表示希望公司的首席传播官能够全面了解公司业务，从而更加战略性地开展传播工作、推进公司目标实现。而如今，许多首席执行官要求首席传播官了解商业——从战略到运营，针对涉及不同职能的问题提供战略性的意见。

这种观点表明，首席传播官手下的传播人员和外部合作伙伴可以通过培养商业知识和技能提供更大的支持。

首席传播官更广泛的领导职责

在阿瑟·佩奇协会关于未来的首席传播官职责和传播行业未来的研究基础上，光辉国际研究所（Korn Ferry Institute）①也与一些首席传播官就这一主题进行了研究。该研究结果印证了阿瑟·佩奇协会的观点，发现《财富》500强企业的首席传播官认为自己在组织内承担更为突出的领导职责。此外，他们认为拥有“战略思维”是自己最重要的领导优势。更具体地说，研究结果表明，“公司希望首席传播官与其他高管一样在制定企业战略方面作贡献”。

在此基础上，光辉国际研究所进一步提出建议：

《财富》500强企业的首席传播官越擅长战略工作——甚至能成为精英企业的战略顾问——就越容易得到认可，不仅因为他们在制定完整统一的传播战略方面拥有专业知识，而且因为他们能够帮助制定组织战略，吸引各部门和利益相关者参与。

① 光辉国际研究所，是光辉国际咨询公司（一家全球化的组织咨询公司）的研究分析机构。——译者注

研究结果表明，除了管理传统的传播工作，首席传播官及其团队还需要在以下方面展示出领导力：

◎ 企业的声誉、价值观和文化；

◎ 开发系统，如为整个企业的社交媒体战略提供支持的系统；

◎ 定义并激发公司个性；

◎ 面向外部利益相关者发布信息；

◎ 分析数据，了解利益相关者对企业的看法。

研究人员建议首席传播官积累更广泛的经验，培养更深层次的财务和商业智慧，为承担更大的领导职责做好准备。光辉国际研究所的另一项研究定义了一类精英级的首席传播官，称之为“一流的企业事务主管”，这些人担任首席执行官和高管团队的战略顾问，针对任何可能影响企业品牌和声誉的因素提供咨询。

为决策者建言献策

“你不能不会传播”，这是企业在一个高度互联的世界中面临的新现实，在这个世界中，从管理者到一线员工的每一个举动都会受到利益相关者的监控和评估，并能在瞬间提升或摧毁企业的品牌和声誉。

因此，从董事会到基层，首席传播官和传播部门越来越多地需要在企业范围内定义、激发和调整企业的价值观、个性与文化。此外，他们还要提供战略咨询，使企业行为符合这些价值观、个性与文化。值得信赖的企业并不只会随口说说，还会付诸实践。首席传播官和高层传播人员需要直接与首席执行官和高管团队沟通，对决策过程和企业战略的制定提供有效的建议，而不仅仅是在事后被动参与、向企业内部人员和外部利益相关者传达决策。

过去数十年，针对“信号理论[①]”和“减少信息不对称”的商业管理研究表明，企业向利益相关者和市场发出的最有力的“信号”往往是通过它的行动而非言语（无论是通过新闻通讯还是社交媒体）传达的。华尔街[②]有个说法，提醒投资者在监管和评估企业高管时“注意他们的所言，而不是所行”。每当企业作出明显的举动，如调整人力资源规划、开展新的企业社会责任活动或处理一场危机时，它向利益相关者和公众传达了一个信号，体现出企业的基本素质，包括个性、声誉和文化。

企业传播先驱阿瑟·佩奇的著作和演讲为他的协会创造了灵感，从而提出了“佩奇法则”（Page Principles）。排在“讲真话”之后的第二条是“用行动来证明它”。根据这一法则，“公众对一家企业的看法90%取决于它的所作所为，10%取决于它所说的话”。虽然确切的比例值得商榷，但它的核心思想是毋庸置疑的，而且有实证的支持（参见关于信号理论和相关观点的大量文献）：行动胜于雄辩。

真实的案例最有说服力。2017年4月，由于机票超售，美国联合航空公司决定将一名已就座的乘客——陶大卫（David Dao）医生赶下飞机，这一决定在全球引起了极大的争议。陶医生被强行拖下飞机的视频在社交媒体和电视新闻中迅速传播开来。有人猜测，如果该公司的首席传播官直接向首席执行官汇报，而不是征求人力资源总监的意见，那么结局可能会有所不同。也许比汇报关系更重要的是，对高管团队而言，首席传播官的建议值得信赖且有价值，而且他在此类活

① 信号理论：专门研究市场参与者如何以及为何作出代价高昂且明显的行为（称为“信号”）的理论，这些行为有助于减少信息不对称。

② 华尔街：美国纽约市曼哈顿区的一条街道，是纽约金融区的中心，用于指代美国金融行业。

动中有直接向首席执行官汇报的权限。

在危机发生后的几周内，美国联合航空公司首席执行官奥斯卡·穆尼奥斯（Oscar Munoz）向所有客户发送了一封信，题目是“行动胜于雄辩”。在信中，穆尼奥斯将这一情况归咎于“凌驾于我们共同价值观之上”的公司规定，并表示公司“对于所发生的事情深表歉意，但我们也知道，有意义的行动将胜于雄辩”。更具体地说，为了应对危机，美国联合航空公司在《审查和行动报告》中新增和修改了10项客户服务规定，并与受伤乘客达成了和解，再次证明了行动的重要意义。

首席传播官面对的挑战和机遇

有时候，有些人可能对首席传播官正式加入高管团队，并“在决策桌旁拥有一席之地”而颇有微词。公共关系学者马琳·尼尔（Marlene Neill）称这些人为“井底之蛙”。许多成功的首席传播官和高级战略传播主管都无法直接向首席执行官汇报。首席传播官和战略传播部门的未来取决于是否能成为高管团队信赖的顾问，并保持这一地位，确保公司的言行与创造财富和社会价值的战略目标保持一致。如果首席传播官正式成为高管团队的一员，或者有机会为高管和首席执行官提供建议，这个目标就有可能实现。最关键的是，一定要让它实现。

商业正在转型。在这个过程中，各个部门的结构和职能，以及它们为企业创造的价值也在发生变化。随着营销和传播的日益融合，以及企业越来越多地利用数据分析来评估、展示和完善业务成果，首席营销官的影响力逐渐提高，职责范围也在扩大。这种整合可能产生一个结果——公共关系将成为营销的一个分支。另外，在当今世界中，几乎所有企业都离不开技术，因此首席技术官和首席信息官在很多企业中的影响力和职责范围也在不断扩大。

毫无疑问，首席传播官和战略传播人员为高管团队带来了独特的视角和价值。一个完善的传播团队可以为企业的所有利益相关者（从员工和供应商到决策者和其他意见领袖）提供具有前瞻性、全方位的视角和见解。这种视角对在利益相关方主导的世界中维护和培养品牌和声誉是独特而重要的。但企业的每一个部门都认为，向高管团队提供咨询，甚至在其中有一席之地是非常有价值和有意义的。如果未来领导者的技能无法继续提升，战略传播和公关的职能可能会在不断变化的商业环境中被削弱。

商业智慧不是这个行业的灵丹妙药，但它肯定是一个重要因素。如果传播人员认真对待自己的工作，认为自己是具有传播专业知识的商业人士，那么整个行业——从教育者和学生到中层管理者，再到高层领导者——都需要付出更多的精力来打磨自己的商业技能。要成为高管团队和高层领导者的重要合作伙伴，你需要对商业问题进行全面的战略思考，并付诸行动。

接下来，二十几位成就斐然的首席传播官和他们的高管同事将与读者分享自己的经验。

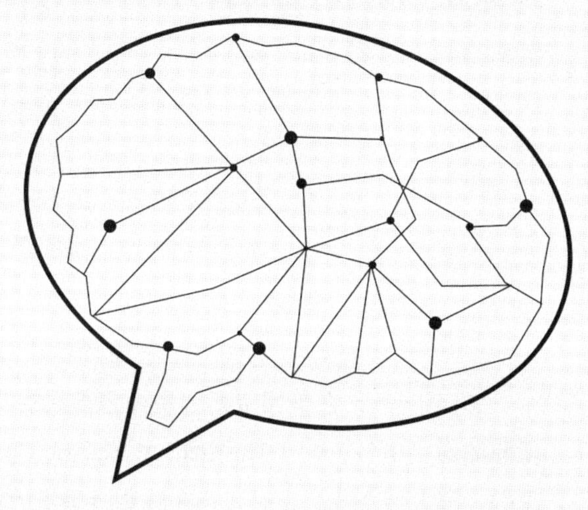

第二部分

传播、商业智慧与高管团队

第二章

负责整合的传播人员

加里·谢弗 | 万博宣伟公关公司

2014年1月，在美国威斯康星州东部风雪交加的一天，我得知我就职的通用电气公司（The General Electric Company）可能要收购法国的一家大型企业。当时我正在威斯康星州沃克沙郡陪同奥巴马总统参观通用电气公司旗下的一家工厂。

此前，通用电气公司董事长兼首席执行官杰夫·伊梅尔特（Jeff Immelt）对我说："你去那边安排一下，确保一切顺利。"他指的是总统对这家有100多年历史的工厂的参观之行。我立即乘机前往处在零下30摄氏度极寒天气中的沃克沙郡。

虽然天气恶劣且时间紧张，但当我到达时，这个工厂的团队成员已经做好了准备。他们安排好了整个流程——包括粉刷厂房墙壁，为公司高管写发言稿，以及向参与接待的员工介绍情况等。

在一次彩排期间，通用电气公司的首席传播官吉姆·希利（Jim Healy）对我说："我猜公司真的要收购法国阿尔斯通公司（Alstom）了。"

我的心跳开始加速，作为传播人员必备的一项技能立即自行发挥作用，我的思绪立刻从了解公司的历史以及如何利用一个大平台进行宣传，转向了解公司电力业务如何赢利以及收购阿尔斯通公司后如何进一步提升业绩。

这将是一件大事，但与我最初的设想不同。阿尔斯通公司主要制造发电设备，并在全球范围内销售和提供服务。这次收购对通用电气公司来说意义非凡——有助于壮大通用电气公司的全球发电业务，并将加速实施公司从工业（而非金融）业务中扩大盈利的战略，这正是公司投资者的目标。

在随后的两个月里，我与通用电气公司的同事一起为这场价值170亿美元的收购做准备，这是公司在100多年的历史中规模最大的一次收购。我在团队中的主要合作伙伴包括：

◎ **投资者关系部**，将这笔交易“推销”给投资者。他们帮助我了解到交易的战略意义、公司支付的价格、细节条款（如交易失败的补偿费用），以及交易对公司盈利预期的影响。然后，我需要将这些信息从“投资者的语言”翻译成其他受众——员工、监管机构人员、媒体从业者、客户能听懂的话。

◎ **通用电气电力业务部门**，深入挖掘两家公司的产品和服务信息，并解答复杂的问题。例如，通用电气电力公司主要生产燃气轮机，而阿尔斯通公司生产的是蒸汽轮机。双方业务是“互补”的，这意味着产品之间几乎没有重叠，对于审查交易活动的监管机构来说，这是个重要信息。吉姆·希利和他在通用电气电力公司的传播团队还主动开展了员工与客户间的沟通以及文化整合。

◎ **法务总监和全球事务团队**，负责取得政府批准，以及法律法规相关事务，如这次交易对全球能源产品市场的影响。作为传播人员，我们必须了解布鲁塞尔、华盛顿、北京和其他地方的监管机构如何看待此次收购，并与同事一道争取各地政府批准。

我的任务是将这些信息整合到一起，制订一份面向受众的具有说服力的传播计划。我们在高管团队中有一位非常重要的合作伙伴——杰夫·伊梅尔特。

这是他的交易——他直接参与了谈判，这对于实现公司目标很关键。对伊梅尔特来说，这一次收购比他在担任公司首席执行官的12年中参与的几十场收购更有意义。当时正值关键时期，公司刚刚从国际金融危机中恢复，重新获得了在工业领域的领先地位。我不仅要了解这场收购本身，还要了解伊梅尔特以及他为公司制定的规划。

我花了一些时间听他介绍对这场收购的设想，并将其写进了传播材料中。团队其他成员率先前往巴黎为公开收购做准备；我留了下来，准备与伊梅尔特一起出发，并在飞机上做更多的准备。

我与公司同事们共同完成的一切工作，包括对所有细节的处理，现在都将接受检验。我们在飞机上进一步完善各种信息和文档，排练问答环节，预测可能突发的事件并为之做好准备，但意外还是发生了。

就在我们准备前往巴黎举行新闻发布会时，有人向美国彭博新闻社透露了这个消息。尚不知情的法国政府作出了愤怒的回应，在接下来的几个月里通用电气面临了这次交易中的最大障碍。

高管视角

杰夫·伊梅尔特，

通用电气公司前董事长兼首席执行官①

优秀的传播人员必须是优秀的领导者，尤其当一家公司的声誉面临挑战，或者准备宣布对员工、股东和公众产生影响的消息时。领导者必须确保传播团队成员掌握必要的技能、资源和判断力，能够快速有效地表达自己的立场。在通用电气公司，我们常说："我们的故事，由我们来讲述。"

但这并不是成为优秀的传播团队领导者所应具备的全部。

你还需要在高管团队内部有效沟通，向其他高级管理人员学习，并与他们协商，确保故事的准确性和说服力。你要反馈公司行为是否与你秉承的价值观相一致，创造可能对行动产生影响的内部和外部环境，并密切关注"下一步安排"，从而适应不断变化的现实。这些都要求你保持自信，培养开放和分析思维，而且最重要的是，要深刻理解公司的业务目标和战略。

通用电气公司收购阿尔斯通公司的过程困难重重。企业传播团队每天都处于"作战状态"，与同事一道争取员工、投资者和监管人员的理解、信任和支持。在这一过程中，我

① 杰夫·伊梅尔特在撰写本文时担任通用电气公司董事长兼首席执行官。他在任职的16年间，领导这家工业巨头实现了转型。2017年，伊梅尔特卸任。

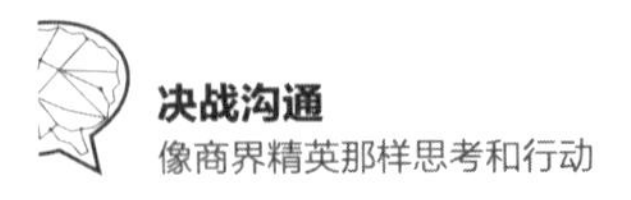

们经历了起起落落，但最终，通过“我们的故事，由我们来讲述”，我们争取到这笔交易。

法国总统起初拒绝会见伊梅尔特。我建议伊梅尔特回到美国——“他这样做，让你很尴尬。”我对他说。后来，我还建议伊梅尔特不要在法国政府审查该收购案的公开听证会上发言。这两个决定我都做错了。伊梅尔特正确地用长远的眼光看待这笔收购交易的重要性，并将个人情感抛在一边。

很快，竞争对手们加入，试图从通用电气公司手中抢走这笔收购交易。“这笔收购交易对法国、阿尔斯通公司和通用电气公司都有好处”，这句话成了我们的口头禅。对阿尔斯通公司的争夺不仅仅是法国的新闻，更是我们亲身经历的大事，我们经常在电视上看到自己进出会议室。

通用电气公司传播和广告团队每天都召开紧急电话会议，在公司内部和外部开展全方位的宣传活动。伊梅尔特承诺为法国提供就业机会，对于经济受创的国家来说，这是个重要的筹码。2014年6月，通用电气公司终于争取到这笔交易。当一位巴黎出租车司机得知我在通用电气公司工作时，他对我说：“我很高兴你们成功了，通用电气公司可以给法国带来好处。”没有什么比这样的话从一位路人的口中说出来更令人自豪了。

以下是我从这次收购交易中总结的一些经验：

◎ **传播人员必须发挥整合作用。**发挥整合作用的意思是传播人员在传递信息和文件时需要采纳各种不同的观点，同时也要积极确保交易团队中的每个人了解最新进展和不同的观点。

◎ **了解目标受众。**在筹备过程中，我在一个方面做得很糟：了解阿尔斯通公司对法国的意义。我把太多精力放在传达投资者的意思上，而对法国的经济和社会环境了解不足。

◎ **不遗余力地传达你的想法。**当有一个不错的想法（通用电气公司可以给法国带来好处）时，我们要通过各个渠道进行大力宣传。

◎ **保持灵活。**通用电气公司的战略重心从投资者转向了法国政府，然后又转向了欧盟监管机构。

收购交易从开始到结束花了18个月的时间。我的团队成员为此付出了巨大努力，同时也从中学到了很多东西。

职业亮点

加里·谢弗，

万博宣伟公关公司高级战略顾问

你在传播领域的第一份工作是什么？

我在美国锡耶纳学院的体育信息办公室得到了一份勤工俭学工作。能得到录取或许是因为我在考核阶段写了一篇文章，其中我谈到了自己对写作和体育的热爱，以及新闻业的重要性。我猜有人注意到了这篇文章。

你对工作最美好的印象是什么？

我对工作最美好的印象与人（你亲眼看着成长起来的年轻人，或是一路上帮助过你的领导）有关。如果让我选一个，那就是在国际金融危机期间与我共事的通用电气公司领导团队。我们的关系很亲密——有过绝望也有过欢乐，一起拼了命地工作。他们都是很棒的人，我从他们身上学到了很多。

你会给出哪些职业建议?

掌控你自己的职业道路。不要等着天上掉馅饼，不要让其他人（比如你的领导）为你规划职业生涯。想想自己的优势和劣势。寻求必要的培训机会、他人的建议和经验。主动要求承担能锻炼自己的任务，参加会议和其他培训。掌控自己的工作！

第三章

商业智慧为何越来越重要

彼得·马里诺 | 米勒康胜啤酒公司 | 第十布莱克啤酒公司

我得承认一件事：我在威斯康星大学麦迪逊分校主修新闻专业，其中一个原因在于我不想学数学。说实话，我很怕数学这一学科。然而，随着职业生涯的展开，我意识到自己几乎被恐惧打败了——它阻止我成为优秀的顾问，甚至限制了我的晋升空间。我为什么要聊这个？因为如果不懂数学，你就无法理解企业的运作和赢利模式。不学数学，你就看不懂财务或经济数据。

高管视角

加文·哈特斯利（Gavin Hattersley），
米勒康胜啤酒公司首席执行官

正如彼得所写，我需要团队中的每一个人都对公司业务有深入的了解，无论来自哪个部门。在米勒康胜努力成长并打造品牌的过程中，团队必须齐心协力，最大限度地发挥公司对本行业的影响。无论是法务、人力资源、财务、运营还是传播部门的主管，我都希望他们充分了解各自的职能领域以及公司整体业务。经营一家价值数十亿美元、充满了复杂问题的公司并不容易，我需要与其他高管人员一起集中精力去推动整体业务的进展。

例如，如果彼得负责政府关系，并且正为公司制定在某个州的纳税方案，那么他最好了解公司在该州的全部业务。我们可能在这个州有个运营中心，或者在这里采购包装材料或酿酒原料，因此了解公司在该州的全部业务将在很大程度上提升纳税方案成功的概率。只有与运营和销售负责人持续沟通，我们才能获得透彻的理解。

任何年轻的传播人员都应该扮演内部新闻记者的角色，深入了解公司的各项职能。

灵感时刻：接受工商管理硕士的追问

在甲方工作了几年后，为了丰富工作经验，我决定跳槽到乙方，因此我在1998年加入米勒康胜啤酒公司。公司安排我帮助代理机构制订完善的公关计划，并传达给营销团队，为“米勒清啤”（Miller Lite）等品牌争取媒体关注。营销人员都拥有工商管理硕士学位，他们追着我要品牌定位、预期可量化影响和投资回报率等信息。这些问题虽然很简单，但我根本不知道什么是投资回报率，更不用说如何计算了。当这些同事开始讨论联合分析法等工具时，问题变得更复杂了，我表现得很困惑，完全不知道如何回答。就在那一刻，我意识到自己还有进步的空间，而工商管理硕士就是我的未来。

打不过就加入：取得工商管理硕士学位

做了六年公关工作之后，我决定直面恐惧，在加州大学洛杉矶分校攻读工商管理硕士（MBA）学位。

但我需要通过大学微积分考试，这是我高中以来的第一堂数学课！

我通过了。我成为加州大学洛杉矶分校的一名全日制工商管理硕士，第一学期我学习了统计学、会计学和经济学等课程。最初的几周，我仿佛在另一个国家学习一门外语，但在优秀的教授和耐心的同学的帮助下，我逐渐掌握了学习的诀窍。随着课程的推进，我的知识量增加了，利用软件解决问题的能力也有了明显提高。

将知识应用于实践

现在，我担任公司的首席公共事务和传播官。有了经济、会计和财务知识基础，我的工作效率比以前要高得多。作为高管团队的一员，我还加入了各种引领公司未来发展的委员会。我是运营委员会的成员，代表公司协商业务、争取大笔资金，从批准某个啤酒厂购买价值数百万美元的铝罐，到与亚特兰大勇士队[①]等职业体育俱乐部建立伙伴关系，以及介于两者之间的一切工作。我也是战略委员会的成员，探讨潜在的收购机会、新产品开发和其他重大战略事项。

了解商业案例、资本回报率以及每项计划对公司的影响都非常重要。我的上司（公司的首席执行官）要求我针对政府事务、社区事务、环境可持续性、适度饮酒等话题提供建议。这是我的一项主要工作，因

① 亚特兰大勇士队是美国职业棒球大联盟的棒球俱乐部之一。——编者注

此我要对公司业务进行深入了解。啤酒行业是美国监管最严格的行业之一，熟悉与酒精饮品销售和营销相关的大量法律法规很有必要。另外，我的上司也希望我能超越本职工作，以敏锐的视角审视公司的所有业务。

望远镜与显微镜

我曾经听说过一个比喻，可以用来形容我的团队。要想成为最出色的传播团队，我们必须有一只眼睛像显微镜一样专注于处理眼前的问题，另一只像望远镜一样眺望前方可能出现的问题。以往所有的专业培训都致力于将我们培养成为显微镜一样的人，专注于解决眼前问题。但是在帮助公司预见并避免未来的问题方面，我们至少能创造同样多的价值。为了准确识别问题，我们需要充分地了解公司的业务。

解决问题需要共识

史蒂芬·柯维（Stephen Covey）①曾说过："先争取理解，然后争取被理解。"专业人士必须先对需要解决的问题有深刻的理解，从而更好地组织语言，让其他人也能充分理解。如果所有人对真正的问题有一致的认识，并在此基础上讨论解决方案，解决问题的效率将大大提高。

我每天都要与法务、财务、运营、人力资源、销售和营销部门的同事周旋并尝试说服他们。我的观点和立场通常从传播、政府或社区角度（根据我的具体职能）出发，但要产生影响力，它们必须以对业务的理解为基础。

如果你是大学生或初入职场的人，我会鼓励你尽量克服恐惧，抓住一切机会弥补自己的弱点。虽然一开始会比较困难，但幸运的是，

① 美国管理学大师，著有《高效能人士的七个习惯》一书。——编者注

现在提升技能和知识储备的途径比以往更丰富。我也会鼓励你攻读工商管理硕士学位。另外，还有一些在职培训和全日制课程，以及标准课程或线上教育机会，你可以按照自己的进度学习。你可以在当地的学院或大学攻读某个专业，如会计或经济学，也可以购买某一科目的教材，或者通过一对一辅导、视频课程或讲座等多种方式在线学习。你还可以请某个领域的专家来指导你学习对自己最重要和最有用的东西。只要你始终保持好奇心和上进心，学习渠道有很多。

另外，网络上有大量现成的信息可供随时查阅。你想走多深、走多远完全取决于你自己。可以肯定的是，你不会后悔抓住这些机会，它们会让你工作高效、知识更加渊博，你会从中受益匪浅。

职业亮点

彼得·马里诺，

米勒康胜啤酒公司首席公共事务和传播官，

第十布莱克啤酒公司工艺和进口业务总裁

你在传播领域的第一份工作是什么？

我在威斯康星州密尔沃基的一家广告公司——克拉默-克拉塞尔特公司（Cramer-Krasselt）实习。几个月后，我从实习生转为助理客户经理。

你对工作最美好的印象是什么？

我与一群热衷于挑战、有趣、聪明、志同道合的同事开创并拓展数字传播业务，这个经历特别棒。我喜欢创业的感觉，努力去颠覆芝加哥的行业格局。

你会给出哪些职业建议?

每天保持良好的工作态度。要有进取心，有工作意识，保持理智，不害怕表达观点。不要担心为了更好的结果而与同事争论。永远不要羞怯！

第四章

从农场到药店：在牛棚里得到的商业和生活经验

杰弗里·温顿 | 安斯泰来制药公司

我在纽约州北部的一个小镇出生和长大，那里离伊利湖不远，只有500人。与当地大多数居民一样，我的家人也依靠饲养奶牛为生。

在家庭农场长大的过程中，我总结了一些经验，对于我后来在商业领域的工作有很大的帮助。虽然其中很多似乎只是基本常识，但我认为，这些常识影响了我的价值观，驱动了我的行为方式，使我在业界受益匪浅。

第一点：对方的需求永远排在第一位，哪怕是奶牛

我是兄弟4人中年龄最大的，从我会走路的时候起，我就和父母一起在农场劳作。饲养奶牛是一项艰苦的工作，全年无休。奶牛一天要挤两次奶，它们的需求永远排在我们自己之前。

由于农场工作的需要，我经常要在早上5点起床，在上学之前去牛棚给小奶牛喂食喂水，给奶牛挤奶。幸运的是，我的父亲开车送我上学，有时我早上劳作耽误了时间，他便会适当加快开车的速度，保证我上学不会迟到。

第二点：你不需要那么多睡眠，而且可以尝试多任务处理

在一年中的某些时候，我们要一直劳动到晚上10时许，尤其是在作物种植和收获的季节。农活做完后，我们才开始做家庭作业，有时会做到午夜。到了早上5时，闹钟再次响起，周而复始。

第三点：敢于发表意见，并为没有话语权的人发声

我家并不富裕，但也不拮据。当地有些人比我们的境况差得多，我的父母总是会帮助别人，同时教育我们去关心那些生活不如意的人。

第四点：教育是一种馈赠，永远不要轻视它

我的父亲是一位非常聪明且成功的商人，但他没上过大学。在我父亲准备考大学的时候，我的祖父（也是一名农民）患上了严重的疾病。如果我父亲离开家去上大学，家里人就不得不卖掉农场，所以他选择留在家里，开始打理农场。

我是家里第一个上大学的人。父母节衣缩食，让我有机会进入康奈尔大学学习农业。随着年龄的增长，我逐渐意识到家人为了让我安心读书而作出的巨大牺牲。虽然农场离不开人，但他们有机会就会来看我。

第五点：永远不要低估精神的力量

我的职业生涯始于农业传播领域，有机会向纽约麦迪逊大道的一些业内精英学习。公司看重我在农场的成长经历和农业学位，并同意在传播方面培养我，前提是我教给他们农业知识。这使我初步认识到商业基础的重要性。

当时，大多数制药公司都与作物化学和动物健康公司有业务联系，因此我的客户包括很多《财富》500强企业。我最终加入了乙方公司，进入了人类健康领域。我的第一份工作是在一家瑞士制药公司，负责艾滋病相关产品的患者宣传和公共事务。与患有这种疾病的人直接接触，让我体会到生命的脆弱，是一种有教育意义的经历。

第六点：无论人们出生或生活在哪里，都怀有希望和梦想

我目前负责领导安斯泰来制药公司在日本东京总部的所有事务。我从日本同事和日本文化中学到了很多东西。日本人的职业道德在许多方面与我在纽约州北部的农场长大时学到的东西很相似。他们非常礼貌，即使在竞争的商业环境中。他们对工作和公司也非常忠诚和尽心尽力，在每一件事上都力求做到最好。

第七点：追求自己的热情，做让自己感觉充实且有活力的事

在制药行业工作，特别是在肿瘤药品方面不断取得进步的安斯泰来工作，我非常有成就感。即使这一天漫长而艰难，你也会觉得或许自己为推进科学发展作出了一点贡献，甚至可能为这种可怕的疾病找到解药。

我的外祖母和祖母均在60岁出头的时候死于癌症，我清楚地记得她们与病魔抗争的样子。外祖母温顿在她生命的最后几天敦促我去药店上班（她不知道化学对我来说是个噩梦）。祖母威克斯托姆坚持了很久，她想亲眼看见她的第一个孙子大学毕业，但遗憾的是，她没能撑到那个时候。

也许我在纽约州那个小镇的山丘农场上学到的最重要一点是，生命是宝贵且短暂的，而且没有重来的机会。我们在地球上只有有限

的时间来改变世界并帮助他人。作为传播人员，我们有义务把故事讲好。

农场教会我的东西对企业高管也有用处

曾经有一位首席执行官对我说，我是公司中为数不多的几个无论好事坏事都愿意与他分享的人之一。他说，大多数高管只想告诉他好消息，但要成为高效的企业领导者，他更需要知道哪些事情进展得不顺利。在农场里，人们每天都要面对生与死的问题，而且大多时候都是坏消息。这些经验让我学会了对首席执行官、其他高管以及我自己的团队始终保持透明和诚实。作为传播人员，由于工作原因，我们会接触到很多方面的业务，因此与高管团队分享关键的进展很有必要，哪怕真相令人难以接受。

在农场的成长经历也让我明白，谦逊、感恩、勤奋和毅力都是在商业环境中的重要素质，尤其是在高管面前。在制药行业，我们每天都在拼命工作，努力为癌症和艾滋病找到新的疗法，或在攻克阿尔茨海默病方面取得新的突破。这就是为什么我们从事这个行业，也是为什么公司高管对每个进入制药行业的员工都有如此高的期望。我们都生过病，而且都曾因为疾病的摧残失去过朋友和家人。

自律对我们的工作来说是一种宝贵的素质。农场里长大的孩子很早就知道，生活中的许多事情完全不受人的控制。所以，当事情进展顺利时，你会心存感激，但不会认为一切来得理所当然；而当遇到问题时，你又会发现明天是充满可能性的一天。

高管视角

吉姆·罗宾逊（Jim Robinson），
安斯泰来制药公司总裁

如今，传播人员在协助普及政策和政府环境信息方面发挥着比以往更加关键的作用。制药行业从业者开始学习新的政策法规等，以便与政府有效合作，确保能够为有需要的人提供药品。

杰弗里·温顿小时候在农场里积累到的经验在安斯泰来得到了充分发挥。几年前，公司成立了一个新的事务部门，由杰弗里领导，目前该部门整合了公司业务和员工沟通、利益相关者参与、政策和政府事务、企业活动和企业社会责任等职能。

所有这些团队的共同点，在于他们都在讲述公司的故事，只是对象不同。面对行业中的诸多机遇和挑战，我们必须写出前后一致且连贯的故事，让所有人都能用自己的话转述。

正如杰弗里在文中提到的，在安斯泰来，我们始终将需要公司药品的患者放在第一位。我们在政策和政府事务领域的努力旨在确保持续为患者提供所需的药物。我们的员工都是充满热情且忠于工作的人——无论是高管、实验室研究人员还是行政人员——每个人都坚信，我们正在改变患者的生活。

职业亮点

杰弗里·温顿，

安斯泰来制药公司高级副总裁

你在传播领域的第一份工作是什么？

我在传播领域的第一份工作是在纽约麦迪逊大道上的一家公关公司工作。该公司主要服务对象有人类健康领域的客户，也有一些农业领域的客户。公司看中了我在农场的成长经历和农业学位，并同意在传播方面培养我，前提是我教给他们农业知识。

你对工作最美好的印象是什么？

我在人类健康行业的第一份工作是在艾滋病流行初期从事患者宣传。我有幸在一家大型跨国制药公司内部代表艾滋病患者表达需求和想法。当时人们对这一可怕的疾病知之甚少，所以我们前进的每一小步都被看作是重大的进展，也是潜在的救命稻草。

你会给出哪些职业建议？

当我考虑辞去上一份工作、离开家人，去追求一个看起来更好的机会时，父亲给了我一条职业建议。他提醒我，对于任何工作来说，最重要的是每天与你一起共事的人。他建议我与积极、诚恳、谦逊、真实且有趣的人为伍。由于他的建议，我选择留在了原来的岗位，这是我在职业生涯中作出的最好的决定之一。

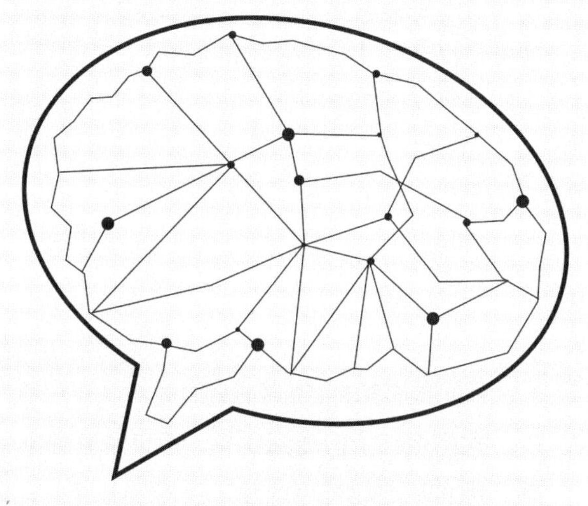

第三部分

财务与投资者关系

第五章

让数字不再枯燥：与首席财务官团队合作

凯瑟琳·贝瑟 | 爱德曼国际公关公司 | 希尔顿酒店集团

我可能是第5个得到消息的员工。

我刚把孩子们送到学校，手里拿着咖啡，坐在车里听着交通广播，准备从芝加哥市区开车到郊区上班——我在发现金融服务公司（Discover Financial Services）担任传播总监。这时电话响了，是我的老板打来的，他几乎从来不会这么早给我打电话。他问我多久能到办公室，因为有一些机密信息要分享给我，并需要我的帮助。我回答可能还需要30分钟。他停顿了一下，然后说道："那我就直说了。我们准备从摩根士丹利剥离出来，成为一家独立的上市公司。我们计划在6个月内完成，所以现在就要开始着手准备了。只有几个人知道这件事，不要告诉你的团队。到了公司，马上来我的办公室。"

于是，我在传播领域的职业生涯中一项重要的任务开启了。这场激烈、繁重而又令人兴奋的企业拆分任务需要我和团队尽最大的努力进行战略布局和战术执行，为任务关键目标提供支持。在此过程中，我们与首席财务官和财务团队建立了紧密的联系，对业务有了更深的了解，从而在公司上市后提供更好的咨询服务。对我个人来说，这段经历让我爱上了“数字”——对于一个专门与文字和图形打交道的人来说，这倒是很意外，但它从根本上改变了我对企业传播业务的看法，并为我的职业生涯添加了一个重要且充实的维度。

一切从基础开始

别误会，我对数字并不陌生。我只是不喜欢与它们打交道。本科期间，我对经济学和微积分课程感到很痛苦。而到了研究生时期，在接触到非财务经理人的财务管理课程时，我感到轻松了很多。在从事咨询工作的前15年中，我参与了几项财务交易，处理了一些非常复杂的法律问题，并撰写了一些季度收益报告和年度报告，但这些并不是我最喜欢的工作。

然而事实证明，早期的知识积累为我后来成为首席传播官做好了铺垫。通过学习查看资产负债表、了解金融市场、掌握企业财务基础知识，我与其他高管有了共同语言。我不必从头开始学习财务基础知识，而是可以立即将重点放在传播战略上，且留给公司的时间很紧张，这一点尤为关键。我清楚地记得，在一次讨论拆分的初期会议上——在一个坐满了财务专业知识和经验非常丰富的高管的会议室里——我发现自己能听懂大家在聊的每个问题，一瞬间感到豁然开朗。当然，也许有个别细节让我稍稍思考了一下，但我想道：“我都明白了。可以开始工作了。”从那时起，我开始更多地接触数字。

数字需要推广

在拆分流程开始之初，发现金融服务公司的首席财务官罗伊·古

高管视角

罗伊·古斯利（Roy Guthrie），
发现金融服务公司前首席财务官

像凯瑟琳·贝瑟一样喜欢与文字打交道的人有很多，而像我一样害怕文字的人也有很多。事实上，我最害怕的是一张空白的纸……除非一张空白的电子表格。因此我很重视与传播部门合作——双方的领域是互补的，两者结合起来才能代表组织的全貌。

我在工作中了解到了一件事，那就是公司财务报表的受众非常多样化。有些人对这些数字很熟悉，而另一些人在聊到债股比或资产周转率时则一头雾水。关键是要了解每一类受众的需求、优势和劣势，并从他们的角度去解读这些数字，从而让他们更容易接受。

每个人都想了解至少几个数字，数据对于故事的完整性至关重要。如果没有关于市场规模和公司计划占有的市场份额的信息，“公司面对的巨大机遇”到底是什么意思？使用数据不是为了震慑别人，而是为了说明问题。

你如果掌握基本的财务知识，并且准备好提出大量问题，那么与财务部门打交道并不难。记住：我们需要你，就像你需要我们一样。

经验总结：努力学习财务基础知识。你以后会感谢自己的。

斯利也给我打了一通电话，问我是否可以为Form-10报表（证券交易委员会要求拆分出来的公司在证交所挂牌交易之前必须提交的注册声明）写一份业务描述。我们以前不需要写这种详细的业务描述，因此没有现成的模板可以拿来修改——我们需要从无到有地创造一份新的报告。我从未在提交给证券交易委员会的文件中写过一段话，更不用说整份报告了，所以我不知道自己能否做到。罗伊表示，如果我工作太忙，他可以找其他人来写。就在那时，我意识到自己必须接下这项任务。Form-10虽然是一份含有大量财务数据的法律文件，但并不意味着应该全部由律师或投资银行家完成。

我们花了数周的时间采访公司高管，修改了多份草稿，并与律师和投资银行家进行了大量沟通，最终对公司的信用卡和电子支付业务进行了全面、客观的描述。除了使用文字，我们还发现使用图形可以更直观地展现公司网络的运作模式，以及它与信用卡业务的结合情况。

我们还要用数字向公司员工讲故事。要明白上市的意义，以及如何根据不同的规则汇报财务业绩，员工也需要作出一些改变。我们向传播部门和所有高层人员培训美国证券交易委员会的公平信息披露条例，保证他们了解选择性披露[①]的风险。我们还在公司内网上发布了大量的问答内容、管理工具包和相关文章来解释拆分流程。公司成功上市并开始发布季度财报后，我们用简单的语言和大量图表向员工展示公司业绩，帮助他们更深入地了解当前的进展。

经验总结：数字配上正确的语言和图表，会显得更加真实可信。

① 选择性披露：让特定市场参与者更早获悉上市公司的重大非公开信息的非法行为。

在财务部门交朋友

作为传播部门的一员，我的一项职责是与公司内部所有部门建立联系。我与财务部门的关系最为密切。

我会定期与首席财务官沟通，更好地了解公司业务以及下一步安排。罗伊随时欢迎我向他提问，同时也经常询问我如何从各个角度宣传公司的财务状况。对我来说幸运的是，罗伊有一套脚踏实地、清晰明确的传播技巧——我们在演练季度员工大会时，他总能做到言简意赅，很少需要指导。

我在公司财务部门的另一个熟人是投资者关系主管。通过在例会和偶尔的午餐会上与他沟通，以及大量的邮件交流，我直接从内部人士那里了解到了华尔街对我们公司的看法，以及他们对哪些信息产生了共鸣。这些互动有助于我和团队有针对性地与媒体和其他利益相关者沟通，更好地支持投资者关系部门实现目标——投资者从我们这里接收到的背景信息越准确，就越有可能对我们的故事产生共鸣。

经验总结：找到你的“财务联络员”，他们可以帮助你了解公司业务的来龙去脉。

财务是基础

无论担任公司还是部门负责人，我每天都要面对数字。无论遇到什么样的业务挑战，幸好有早期积累的财务知识和经验，我才能够与客户和同事开展积极而更有意义的沟通。数字的确定性和实质性为传

职业亮点

凯瑟琳·贝瑟，
爱德曼国际公关公司前全球企业实践主席，
希尔顿酒店集团前企业传播执行副总裁

你在传播领域的第一份工作是什么？

大学四年级时，我在美国埃文斯顿医院的公关部工作。我还记得自己的第一个成果——美国广播公司第七频道引用了我的新闻稿中关于年度最受欢迎的婴儿名字的内容［我在出生记录上看到，许多名字可能来自20世纪80年代的热门电视节目《王朝》（*Dynasty*）］。

你对工作最美好的印象是什么？

虽然我处理过很多非常严肃和棘手的问题，这些都是很充实的经历，但我印象最深的是开心的时刻。例如，我帮助公司筹备25周年庆祝活动——这是一场长达一年的传播活动，主要向内部和外部的利益相关者坦诚而有策略地讲述公司的故事。我们计划向他们表明，公司最初的开拓创新精神现在仍然是公司文化的重要内容，并且推动公司取得了成功。我有一支很优秀的团队，大家在一起筹划和实施这项活动的过程中很快乐。

你会给出哪些职业建议？

先努力学习——可能会走一些弯路——然后追求进步。每一次经历都会让你成为更加强大和专业的人。如果我一直沿着一条路走，可能永远不会享受到工作的乐趣。

播人员提供了立足点——财务是一个组织的支柱，我们可以从中窥见组织的现在和未来。正如作家杜·波依斯（Du Bois）所说：“一旦掌握了数字，你就不再需要去读数字本身，就像你在看书时不会仅仅停留在文字上一样。你读的是它背后的含义。”

第六章

企业传播与投资者关系的合作

卡罗尔·卡斯托 | 康明斯公司

美国的自由女神像、拉什莫尔山国家纪念碑、箭牌球场和世界上最大的地铁系统之一——印度庞大的新德里地铁系统有什么共同点?答案是，它们都依赖于康明斯公司的备用电源解决方案。

康明斯公司的前身是克莱西·康明斯（Clessie Cummins）于1919年创立的一家公司，他对发动机的热情和专业知识帮助他赢得了第一届印第安纳波利斯500英里（1英里≈1.6千米）大赛。如今，康明斯成了一家上市的全球电力供应商，设计、制造和销售柴油和天然气发动机及相关技术，并提供服务。公司总部位于美国印第安纳州哥伦布市，在全球拥有超过5.5万名员工。

康明斯的企业传播部向所有业务和职能部门提供专业的传播服务，在推进公司战略方面发挥了独特的作用。公司团队由外部、内部、执行、展示和数字传播人员组成，他们与公司的客户（包括全球合作伙伴和企业领导）合作，提供经济高效的创意传播解决方案和服务，包括积极的传播战略、战术支持和指标。

这些解决方案和服务为内部人员制定了明确的期望和目标，激励

高管视角

马克·史密斯（Mark Smith），
康明斯公司财务副总裁

在康明斯公司，企业传播和投资者关系两个部门的合作依赖于相互信任和尊重，在双方之间实现平衡。我们的合作始于几年前，当时，作为投资者关系部门新上任的领导，我让团队对内容进行审查，现在看来，这个决定有些草率了。如今，与企业传播部合作成了一种习惯，双方形成了积极的合作关系，在很多事项和活动中开展了更加强大和有效的沟通，而不仅仅是像与投资者一样的正式沟通。

我在合作中的地位提供了一个实际的分析视角，可以看到一个问题或机遇对于培养良好的传播环境产生的长期影响。企业传播部通过向利益相关者（包括全球5.5万名员工，其中很多人加入公司不到5年，还不了解公司的长期趋势或行业竞争背景）传达一致、清晰的信息来维持平衡。要维护公司在所有人面前的形象，我们需要对问题保持诚实、对解决问题充满信心。

传播部门还以技术为纽带，与更广阔的财务职能连接起来。企业传播部鼓励我的团队通过网络直播和视频会议与员工沟通，这一策略取得了相当积极的效果。如果没有传播部门将我们从舒适区推出来，我们与员工的沟通效率将大大降低。

最终，各个团队展现出来的优势向公司在全球的利益相关者传达了积极的信息，而且坦率地说，这也推动了公司内部对一些挑战和机遇的深入讨论，公司因此变得越来越好。

员工，向利益相关方介绍企业的关键计划和项目，从而帮助客户实现业务目标。根据既有成果，我们完善了计划。

虽然公司总部位于印第安纳州，但员工分散在大约190个不同的国家和地区。康明斯以其多样性和全球规模而自豪，同时要求创造多语言环境，兼顾不同地区员工的时区。对于公司来说，大约有2万名店内销售人员没有配备统一的手机和电脑，对这些人的管理也是一种挑战。

面对这些独特的挑战，我们一直在探索方法，与员工更直观、更具创造性地共享关键的业务信息（如财务成果）。图表更容易为全球各地的员工所接受，还能以数字标牌的形式分享给店内销售人员。这些数字标牌挂在商店的墙上，通过滚动的图片显示关键业务信息。最终，通过专注于持续改进，企业传播部不断调整为客户提供支持的方式，确保他们获得最有效的战略和工具。

合作关系的成长

康明斯的企业传播职能不断完善，通过与公司其他部门建立牢固的合作关系，满足全球各类客户的需求。另一项职能——投资者关系也备受包括投资领域在内的所有客户的关注。投资者关系部门负责传达公司的财务和业务成果、价值驱动力、战略和运营，从而维护公司与投资领域的关系。过去几年，企业传播部与投资者关系部在所有重要的项目上紧密合作，向全球客户传达清晰、准确、易于理解的财务信息。

其中三项活动尤其需要密切合作：

发布季度收益报告：康明斯公司每季度向利益相关方发布财务成果，披露收入、销售额、前景和指导建议。这些季度收益报告包含复杂的财务报表和语言。为了确保这些信息的有效传递，投资者关系部与企业传播部密切合作，提前几个星期协助领导层起草面向投资者和员工发布的信息。通过在公司层面传达清晰、简洁、一致的信息，我们可以确保业务部门领导向员工传达的相关信息与向利益相关者传达的整体信息保持一致。

召开股东年会：年会由公司董事会成员、公司股东参加。股东大会结束后，康明斯董事长兼首席执行官发表主旨演讲，重点介绍公司的产品发布、客户成果以及全球员工开展的价值驱动的重要社区工作。传播团队帮助整理关键信息和图表，从而确保全球客户充分理解这些信息。这个过程对于公司高管也有好处，他们在本年度向公司内部和外部受众发表演讲时，可以对这些故事进行调整并反复使用。

举办“分析师日[①]”活动：康明斯领导层每两年在纽约市与来自全球的投资分析师会面，讨论公司实现盈利增长和强劲资本回报的计划。“分析师日”会议旨在讨论公司对当前业务状况的反应以及长期增长计划。本次活动要求企业传播部和投资者关系部密切合作，确保在描述康明斯的发展战略时使用恰当、准确的语言。公司领导可以利用为本次会议制作的演示材料，向内部和外部受众介绍未来几年的增长情况。

---

① 分析师日：在大城市或公司办公楼内举行的半天或全天活动，其间管理层向金融界人士详细介绍公司业务。

培养商业智慧很有必要

通过这些合作，企业传播人员逐渐体会到商业智慧的重要性。越来越多的客户鼓励企业传播人员参加员工会议，与公司领导一起前往全球各地参加员工大会，并邀请他们参加关键业务计划的讨论。这不仅有助于培养这些传播人员，而且能让他们发现机会，在公司传达一致的信息，并与其他同事就公司内部的传播活动开展协作。

此外，企业传播部门为传播人员提供了商业理念和战略方面的持续教育机会，并在公司最重要事项及其增长战略方面寻求内部和外部建议。

最后，通过持续提供创造性的、与业务相关的传播专业知识，并进一步加深传播人员对业务的理解，企业传播部将不仅是投资者关系部，更是公司所有部门、领导团队的可靠顾问。

从业建议

有志从事传播领域的年轻专业人士有大量机会在传播、公关和商业领域提高技能。以下是一些从业建议：

◎ **保持好奇心。**对于优秀的传播人士来说，学习永无止境。管理者欣赏那些从不满足于现有知识水平的员工。员工要表现出对职业发展的热情，以及对发展机会的渴望。

◎ **拓展人际网络。**同行将成为你的职业生涯中重要的盟友。一定要与大学同学、同事以及任何对该领域感兴趣的人保持联系。这些人会为你提供知识、解答问题、介绍行业趋势，你在职业生涯的任何阶段都可以依赖他们。

◎ **保持年轻的心态。**找一位副总裁、执行董事或首席执行官，问问他认为自己40岁时会做什么，你会发现答案可能与他现在的职业并不相符。如果你的职业道路不是一帆风顺的，或者目前的职位与你“完美的”职业规划不一致，不要气馁。有些更好的职业机会可能来自我们并不看好的地方。

职业亮点

卡罗尔·卡斯托，

康明斯公司营销与传播副总裁

你在传播领域的第一份工作是什么?

我的职位比较高，是美国印第安纳州环保局的首席运营官。传播部门发来一份报告，称我们所管辖的地区发生了该州规模最大的非法捕鱼事件。我把办公室搬到了现场，每天或每周召开新闻发布会。我相信，在公众的监督下，政府很快会组织调查并发起指控。

你对工作最美好的印象是什么?

每次我的团队中有人获得更好的职业机会！培养员工也会给我自己带来回报，看着别人成长是一种激励。作为一名领导者，我最喜欢的就是帮助别人实现职业梦想，进而促使他们自己及其家人过上更好的生活。

你会给出哪些职业建议?

不仅要成为有趣的人，还要对一切感兴趣。你会学到很多东西，满足好奇的天性，还可以接触到各种机会、场所和有趣的人。找出重要的问题，解决它们。多年前，一位导师在这方面点醒了我。他让我关注那些可能对组织产生巨大影响的问题，全身心投入，并承担起责任。我拥有的所有好机会都是在我解决一些重要的问题时出现的。

特别感谢康明斯公司企业传播团队的艾米·杨特（Amy Yount）和梅瑞迪斯·维切尔（Meredith Whelchel）对本文的贡献。

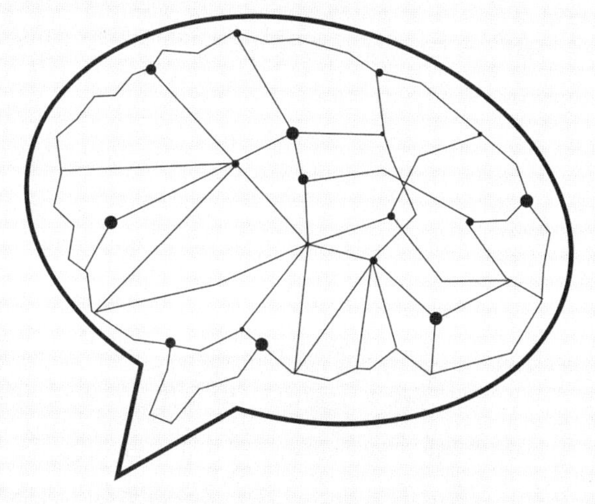

第四部分

人力资源与员工参与

第七章

了解业务，先要了解员工

科里·杜布罗瓦[①] | 赛富时软件公司 | 星巴克公司

对于传播人士来说，“商业智慧”不只是熟练掌握财务报表，还代表帮助企业赢利和在当地开展公益事业的能力。

在星巴克公司，经营一家赢利能力强的企业是在“决策桌旁拥有一席之地”的前提。我们有能力和条件为世界创造变革，给遍布几十个国家的超过33万名员工提供有意义的机会。我们也能建立一种创新文化——在企业经营以及与客户的沟通中寻找机会，预测下一步，并提出新的想法，包括新的移动技术、引入产品线或探索成为更好雇主的差异化方法。经营一家负责任的企业还使我们能够将利润返还给员工和关键的利益相关者。

真正的商业伙伴

我先介绍一下背景：为什么星巴克称其员工为“伙伴”？因为各

① 科里·杜布罗瓦在写本文时担任星巴克全球传播高级副总裁。后来他加入赛富时软件公司，担任执行副总裁兼首席传播官。

高管视角

露西·赫尔姆（Lucy Helm），
星巴克公司执行副总裁

我非常荣幸能领导星巴克的伙伴团队，为全球33万多名自豪地系着绿色围裙的伙伴提供支持。

我感到荣幸，是因为员工对企业的成功和未来至关重要。同时，我们与员工沟通和互动的方式——从公司安排的活动，到面对关于员工的重要问题时采取的立场，再到带领员工一道创造企业的未来——也是成功的关键之一。

高管团队与全球传播部门的合作非常重要，我们在对外沟通之前，先会透过伙伴的视角来看问题。正是基于这一考虑，我们能够与员工建立信任和信心，他们是品牌的大使。如果我们能够超出伙伴的期望，他们就会超出客户的期望。

级员工都是公司的股东，通过参股的形式分享公司的利润和收益，共享公司的成果。他们共同致力于提供高水平的客户服务和咖啡专业知识，增强社区意识和公共关系，这正是星巴克公司的核心宗旨，也是我们取得独特的市场地位的原因。

更重要的是，透过伙伴的视角，我们能够作出战略决策，了解如何以最佳方式拓展业务。从1971年成立开始，星巴克公司就认识到，一个大型、持久发展的公司需要在人文关怀的基础上追求业绩。这意味着我们必须在提高赢利能力以及为员工和社区投资之间实现平衡。

有时，我们在短期内作出的决策可能不会立刻实现利润，但从长期来看，这些决策符合我们的价值观，有助于增强客户对品牌的喜爱。

以星巴克公司的一项基础福利——医疗保险为例。从1988年开始，在星巴克公司上市之前，它就已经为伙伴及其家人提供全面的医疗保险，当之无愧地成为美国最早向兼职员工（每周至少工作20小时）和全职员工提供这一福利的公司之一。

在2008年星巴克公司转型期间，霍华德·舒尔茨（Howard Schultz）重返星巴克公司担任首席执行官。大股东向他施压，要求他取消这项福利，从而削减成本，因为医保是公司运营成本中最大的一块。霍华德拒绝了，他告诉大股东，那样做将从根本上摧毁公司与伙伴多年来建立的信任。以人为本的价值观有助于建立和维护企业文化，而这种文化正是我们取得成功的基础。任职期间，我一次又一次见证了企业文化的重要性。

举个例子，根据客户调查结果，在一个月内愿意再次光顾的顾客中，有近70%的人表示主要原因不是我们的咖啡、店面设计或便利的服务，而是与员工的接触，更具体地说，是看到了我们对伙伴的重视和尊重。在成为伙伴之前，我曾经也是星巴克的顾客，与当地一家星巴克咖啡店的伙伴玛丽建立了信任关系。我知道她想成为一名护士，为此她正在复习考试，她的家人来自俄勒冈州，她来到星巴克工作是为了实现最终从事医疗行业并为他人服务的梦想。她也知道我是谁，记得我和我的家人最喜欢的饮料。因此，从个人的角度看，这家价值200亿美元的全球企业是从一杯又一杯5美元的饮料积累起来的。因此，我们始终重视人力资本的价值，以及与每周访问星巴克的全球8500万客户的关系。

透过伙伴的视角看问题

在星巴克，我们每策划一场新的活动，思考的第一个问题都是：伙伴们会感到骄傲吗？我们很清楚，伙伴是我们最重要的资产之一：他们是品牌的门面，每天与世界各地数千家门店的上百万名客户打交道。多年的经验告诉我们，如果伙伴参与并支持一项创意，那么客户也会接受它。

我们的伙伴也会帮助企业寻找需要解决的问题，如应该取消哪些产品（2009年，星巴克伙伴最早提出应该取消使用人工添加剂），需要应对哪些有争议的问题。透过这一视角，我们认真挑选各年度应该关注的重点问题：将伙伴置于首位的那些问题往往是最紧要的。

星巴克公司与亚利桑那州立大学合作推出了“大学成就计划”，起因在于我们从伙伴那里得知，高等教育的成本是他们最关心的一个问题之一。通过亚利桑那州立大学在线平台免费提供高等教育是一项重大投资，但目前已有数千名新生和在校生从中获益。另外，我们的“粮食共享计划”灵感也来自伙伴，在他们的鼓励下，我们寻找方法，帮助解决美国的粮食浪费和粮食安全日益加剧的问题。透过伙伴的视角，我们能够制订更加强大、更具影响力的计划，让伙伴产生共鸣。

与众不同的企业

自1992年星巴克公司上市以来，我们始终致力于创造一种独特的文化，成为一家与众不同的企业。虽然不一定比其他企业做得更好，但我们始终坚持比赚钱更高的使命、价值观和指导原则。我们为员工及其所在的社区创造机会，努力取得有意义的成果，包括但远远超出传统的股东价值观念。

这正是我经常向有抱负的传播人员传达的核心精神：

◎ 生命太短暂了，如果一家企业没有善待你，你就不要为它浪费时间。寻找一家真正对你好的企业。你如果现在没有为这样的企业工作，那么最好作出改变。

◎ 使命、价值观和目标是任何企业的员工都应关注的内容。你无论从事哪个行业、为哪家企业工作，都会有遇到挑战的时候。更大的使命感将帮助你度过最艰难的时期。

◎ 评判一位领导者的标准不只是他的个人成就，更是他在指导、训练和塑造未来领导者方面的成果。我从一位教授那里学到了这一点，他也是我的导师；如果我称得上是一个领导者的话，那是因为我有幸受教于他，从他身上学到了很多有益的东西。

职业亮点

科里·杜布罗瓦，

赛富时软件公司执行副总裁、首席传播官

你在传播领域的第一份工作是什么？

大学三年级时，我曾在美国俄勒冈州的一家名为即兴广告（Adlib）的广告公司实习。我从事一些比较简单的工作，大多与广告相关，与各种不同的客户打交道。

你对工作最美好的印象是什么？

那一定是2014年星巴克公司与HBO电视网[①]在华盛顿购物中心联合举办的退伍军人节演唱会。

你会给出哪些职业建议？

“你喊那么大声我都听不见了。”——拉尔夫·沃尔多·爱默生。

作为传播人员，我们每天开展的最有效传播来自组织表现出来的行为，以及这些行为与使命和价值观的匹配程度。

---

① HBO电视网是美国一家有线电视和网络媒体公司，隶属于时代华纳集团。

第八章

员工作为企业品牌和声誉的驱动力

保罗·杰拉德 | 蓝十字与蓝盾协会

安吉拉·罗伯茨[①] | 美国兽医协会、蓝十字与蓝盾协会

过去，组织的声誉很大程度上取决于广告、新闻稿和公开信息。如今，在社交媒体的推动下，员工和利益相关者可以参与有关组织的一切公开对话，从组织的内部文化到生产流程的各个方面。消费者在作出购买决定时会参考其他人对公司产品或服务的评价，甚至会考虑品牌的环境影响以及在其他消费者中的普遍声誉。爱德曼公司在2016年的“信任晴雨表”[②]研究中揭示了一个现象：人们往往认为一家公司的员工比首席执行官更值得相信。研究报告指出：“如果你与员工建立信任，他们会说你的好话，而消费者可能会相信他们。”

所有这些表明，打造企业声誉的权力已经从领导层转移到了员工、客户和任何拥有社交媒体账户的人身上。因此，不能仅仅让员工

① 安吉拉·罗伯茨在撰写本文时担任蓝十字与蓝盾协会的战略传播部总经理。后来，她加入美国兽医协会，担任首席营销和传播官。

② “信任晴雨表”：爱德曼国际公关公司开展的一项针对各国对机构、行业领域和信息来源的信任程度的调查。

了解或“参与”高管提出的企业愿景。要让员工共同创造并帮助实现它。在当今社会，这是各级员工的期望和要求，他们想要尽自己的一份力量，帮助塑造和实现企业愿景。

因此，内部传播部门必须深入了解整个组织的战略重点，同时应该将人力资源部作为战略业务伙伴，为员工与组织其他职能的互动创造条件。

基本条件与企业文化

为了与员工开展良好的对话，内部传播和人力资源两个部门必须制定统一的目标并整合资源。最根本的是建立一个机制，向员工传达组织政策、福利、健康、培训和教育机会——这些都是他们入职的基本条件。在蓝十字与蓝盾协会，我们制定了更好地与员工沟通的一套方法，其中包括一些具体的沟通手段：专门的内网、每周电子快报和定期的管理人员会议。我们还定期发布新闻和公告，同时与各部门协调，了解接下来的活动计划，并定期发送给员工。

建立起这个框架离不开协作。企业中任何人都可以写一封电子邮件抄送给所有人，无须经过检查或批准。这种做法的一个问题是缺乏统一的邮件格式、视觉设计、声音或语调。更糟糕的是，员工每天会收到各种领导或团队发来的大量电子邮件。你如果想重新看一遍之前收到的公告，那么先要记住是谁发来的。你如果没有及时处理邮件，那么很容易错过重要的信息。另外，电子邮件难以突出重点：一条公益活动广告与首席执行官发来的关于机构重组的通知看起来差不多。

为了找出更好的方法，内部传播部（在蓝十字与蓝盾协会，该部门与外部关系、公共关系和行政沟通共同构成组织的战略职能）先与人力资源部合作制订传播工作改进计划，描述当前的挑战并提出解决方案。接下来，我们与各部门负责人碰头，了解他们的目标和计划，解释为什么有必要采取协调集中的内部传播行动，并获得他们的认同。

组织中的各个团队统一向内部传播团队提交新闻稿，以便及时编辑、校对、统一格式和沟通。此外，员工每星期从唯一的渠道获得所有新闻和公告，也可以在蓝十字与蓝盾协会内网上了解各种活动的详细信息。

此外，内部传播部还与人力资源部在战略层面上合作，进一步完善和推广组织文化。最近，人力资源团队制定了新的员工标准原则，称为“领导力期望”和“员工期望”。内部传播团队通过多种渠道推广，包括在高管会议上介绍，在季度管理人员会议上讨论，并向员工提供纸质和电子材料。

高管视角

莫林·卡希尔（Maureen Cahill），
蓝十字与蓝盾协会高级副总裁、人力资源总监

根据我的经验，有一件事是永恒不变的，那就是变革。无论是直接影响业务运营的新法规的发布，还是迫使企业重组并重新安排重点工作的竞争环境的波动，在变革中领导企业是当今全球商业领袖的核心竞争力。这些变革要求人力资源部门优化传播手段，帮助实现不断变化的目标，并吸引员工参与。

企业成功应对变革的核心能力是传达变革需求。员工只要明白工作重心、福利或战略为什么发生了变化，就更容易做好准备。

专业的内部传播人员应参与人力资源部门的领导层决策，他们可以帮助评估信息可能对员工产生的集体影响，并且能够解析变革带来的大量信息，使员工更容易接受变革。员工接收的重要信息必须是清晰且前后一致的。如果企业通过多种渠道积极聆听员工的想法并与他们沟通，尤其是在变革期间尽量保持透明，企业就会与员工建立起信任。

信任有助于塑造更好的品牌形象。

不明显的受众

你的受众不仅仅限于当前的员工。还有一类不太明显的受众——想要加入组织的人。

每个组织都有自己的职业品牌。也就是说，你如何向潜在的员工介绍组织？你如何在网站上展现组织文化？网站传递的信息与一个人在申请、面试和被录用时的感受是否一致？在制定招聘材料、新员工入职培训、大学招聘会信息等方面，内部传播部要与人力资源部协调配合。我们的内部传播团队与人力资源部密切合作，明确核心信息，编写宣传手册，挑选能够反映工作场所实际情形的图片，并准确描述组织工作。两个部门共同努力，确保所有为协会作出积极贡献的人都能获得符合品牌整体形象并有助于提升组织声誉的积极体验。

还有一类受众可能是最不明显的。你或许听说过蓝十字与蓝盾协会，但肯定不熟悉它独特的结构。我们是一个联盟性质的组织，由美国36家独立的医疗保险公司组成。协会是一个纽带，将这些公司联结在一起。由于这种独特的结构，36家公司的员工成为协会的受众。组织成功的关键之一是与他们进行有效沟通。一个有效的沟通手段是“外网”网站——专门为这些企业的员工创建的、仅供他们访问的网站。我们与人力资源部合作，专门为系统内的人力资源部门员工创建了一个专栏，他们可以在上面分享业务材料、最佳实践和关键信息。

独到的见解

随着员工作为品牌大使的地位不断提升，内部传播和人力资源两个领域也将继续融合。了解人力资源如何运作并不难。我们的建议是与人力资源团队领导坐下来聊一聊，听对方介绍自己的目标和重点工作。然后，不要仅仅充当服务提供者（满足对方在传播方面的需求），而应该探索组织内部其他职能的具体需求。作为传播团队，我们与所有部门互动，因此在组织中拥有较为广阔的视野。我们有能力、也有责任——平衡各个部门的需求，将不同的计划、活动和项目集中起来，在员工之间定期开展对话。在这个过程中，传播团队从基本服务提供者转变为有价值的顾问，并最终成为企业愿景的主要推动者。

团队合作

一支优秀的团队需要有一批坚定地维护本领域的专业人士，以及一位给他们施展空间、允许他们放手去做的领导者。加入团队后，你可以深入探索自己感兴趣的领域，磨炼自己的技能。努力实现团队使命，在提出观点之前认真思考，自信地表达想法。这种对工作的热情会让你的职业道路更加顺利。

与其他部门和领域合作也同样如此。为了开展高效的协调与整合，你需要建立一支能够在不同的业务部门之间无障碍沟通的传播团队。传播团队为各部门提供高水平的战略咨询；同时，传播团队也将获得更重要的战略地位。传播团队的优势在于提供内部业务咨询，与员工进行双向对话，在内部和外部传递品牌形象，帮助人力资源部争取并保留人才，并为员工提供机会，为实现企业愿景发挥重要作用。

职业亮点

保罗·杰拉德，

蓝十字与蓝盾协会战略传播副总裁

你在传播领域的第一份工作是什么?

我曾经担任英国三名议会成员的研究助理，负责研究和审核待发布的法规，撰写政治研究报告，并代表议员与选民和其他利益相关者沟通。

你对工作最美好的印象是什么?

有时我的团队会通过出色的传播工作影响变革。另外，我为团队成员的职业发展提供帮助的时候也会很开心，无论是作为上司、导师还是朋友。

你会给出哪些职业建议?

如果你喜欢目前的工作，成功的概率就会成倍增加。所以你要深入探索自己感兴趣的领域，磨炼自己的技能。努力实现团队使命，在提出观点之前认真思考，自信地表达想法。

第九章

参与决策，不被忽视

安妮·图卢兹 | 波音公司

我从未想过自己会从事对内传播工作，但是当我成为波音公司的员工传播部门负责人时，就必须掌握这项能力。

在那之前，我一直想从事面向公众的工作。现在，我又回到了面向公众的岗位上，成为波音公司全球品牌管理副总裁，并且有时间回顾自己为人力资源部提供支持的几年，可以说这是我承担过的最具挑战但最有成就感的工作。

提高业务水平，并争取他人的帮助

人力资源传播必须与企业目标紧密结合并为它提供支持。你对业务的了解越多，就越能与高管进行有效交流。而且你能提供的解决方案越多，就越有机会证明企业在传播领域的投资获得了回报。能否获得信息和参与机会是判断这是一笔费用还是一项有价值的投资的前提。

高管视角

里克·斯蒂芬斯（Rick Stephens），

波音公司前人力资源和行政高级副总裁

在负责人力资源和行政工作之前，我曾在美国几个主要的航空航天项目中担任领导职务。我认为领导者的任务是提供观点、影响别人的态度，并帮助团队成员看到我眼中的未来方向。我始终认为传播领域和其中的每个人是取得成功的关键。当传播人员与掌握大量信息的业务伙伴共同坐在决策桌旁边时，他们将成为组织成功的重要动力，特别是在改革时期。

我的目标是创建一个以员工为中心的人力资源部门，让它成为公司的竞争优势。为此，我们对传播团队寄予了很高的期望。在制订改革计划的过程中，我希望这支团队能够预见到员工的担忧，聆听组织各个层面的想法，并及时分享员工的反馈意见。我也希望他们在必要时给我们一些推动力。

传播团队达到了这些期望。有一次，我们要对几乎从来没有变化的医疗保险计划进行改革，并制定有效的改革方案。活动结束后，80%的受访者表示自己理解为什么这项福利发生了变化。在极具挑战的情形下，我们为企业和员工带来了最好的结果。

幸运的是，我是个天生有好奇心的人。当我跳槽到新的岗位时，我通过能想到的所有途径去了解人力资源的重点工作，如医疗保险、福利计划、养老金和退休计划等。我与内部员工交流，参考其他公司的实践，咨询专家，翻阅一切相关资料。我知道，要想取得成功，我必须了解人力资源高管的职责，所以我仔细研读了帕特里克·M. 赖特（Patrick M. Wright）所著的《首席人力资源官》（*The Chief HR Officer*）。我来自另一个部门；如果不了解组织业务，我如何为顶层管理人员提供支持？当时，波音公司的人力资源高级副总裁里克·斯蒂芬斯和他手下的几位人力资源主管私下里给予我很多指导，对此我非常感激。我参加了每一场人力资源主管的周会和月度会议，并积极参与所有相关话题（即使与我的工作没有直接关系），从而熟练掌握人力资源工作的各个方面。

公司聘用你是为了让你发挥才能，提高水平，全力以赴

这并不容易。人力资源团队一般不会将传播团队看作是合作伙伴，因此我需要克服一些偏见。有时为了获得参与感，我必须坚持己见。我没有错过一次会议。正如沃尔特·惠特曼（Walt Whitman）所说："我们以存在来使人信服。"所以我一直都在他们身边。曾经有一次，人力资源部门在我休假时举行了一场大规模的头脑风暴战略会议。为了参加这场会议，我提前一天结束了假期。我赶回公司，发现会议提前了一小时，但没有人告诉我。我安慰自己，他们不是有意针对我。我抓住一切机会展示观点。随着时间的推移，人力资源团队开始认可我这个合作伙伴。

我不仅管理人力资源部门，还管理传播部门，因此我有机会与业务、财务、政府关系等部门和其他组织的传播人员合作。这有助于我

对公司、整个行业和关键市场的情况保持全面了解，从而提高自己对于组织的价值。

受众是关键

为帮助人力资源部门实现主要目标——激励员工、吸引员工参与并激发工作灵感——传播伙伴必须能够将复杂的主题简化并清楚传达，帮助员工理解。我们不要求员工成为医疗保险、养老金或退休计划等领域的专家，但必须向他们提供作出明智决策所需的信息。因此，在制订人力资源计划时，传播人员必须在场，站在自己的专业角度提供建议，从而确保计划的成功。

我们经历的一项重大挑战（涉及调整养老金计划）表明，传播人员尽早参与是很有必要的。波音公司的养老金计划的规模在所有美国公司中排名第一，这对我们来说是一个巨大的竞争劣势。为了保证公司健康发展，我们必须作出改变——但任何改变都必须谨慎地传达给员工。

在开始前的几个月，人力资源主管给我透露了消息，让我有机会提前开展研究和规划。我带领团队花了很多时间研究其他公司的做法，请他们分享经验教训。根据研究结果，我们知道必须在传播过程中将员工放在第一位，预测哪些方面可能存在风险，并制定应对方法。人力资源部门的计划包括取消一些不同的养老金制度，并将员工转移至统一类型的计划，因此我们面对的是庞大的员工群体和一项复杂的任务。我先明确了核心理念：每个人都很重要。无论面对的是怎样的计划和群体，我们都秉持同样的原则：每个人都很重要。传播工作必须以员工为中心。

我主张为员工提供财务咨询，并为他们提供养老金计算器等工具，帮助他们理解新的变化。我们设定了情境，帮助员工了解变化背后的原因，即使他们并不满意。大多数员工使用了我们提供的资源，许多人对于领导者关心员工的切身利益表示感激。我们在员工传播方面作出的努力成为未来改革福利计划的典范。

希望自己早点知道的事

最终，通过牢牢坚持业务目标、对该主题获得了深入了解，以及得到了人力资源部的信任，我能够与该部门人员坐在一起，进行了富有成效的对话。这些经验或许对任何接手新任务的人都有帮助：

◎ 找个人私下指导你，帮助你了解组织的细枝末节和运营节奏。每个组织的文化中都有一些不易察觉的东西，这在组织结构图中是看不到的。

◎ 在导师的指导下，自行开展该领域的研究。积累大量知识。你不必成为某个领域的专家，但必须有足够的知识去参与该领域的对话。如果你说“我刚读完（该领域的）某一本书”或“我刚与某个人（该领域的某位专家）聊完”，效果会非常好。

◎ 主动参加会议并承担特殊的工作。充分利用每一个机会。你参加的每次会议和建立的每个关系都有助于提高你和团队的信誉。

◎ 在提出建议或解决方案之前，先去找有经验的人讨教。在发表演讲或提出解决方案后，去找你信任的人寻求指导和反馈。下一次将你所学的知识运用起来。

◎ 多提问题，并积极聆听。我非常认可史蒂芬·柯维的话：“先争取理解，然后争取被理解。”

了解情况并积极参与，你将成为团队中一名有价值的成员，而不会受到忽视。作为一名传播人员，你的效率将大大提高，你对工作也会更满意，无论未来的方向如何。

职业亮点

安妮·图卢兹，

波音公司全球品牌管理和广告营销副总裁

你在传播领域的第一份工作是什么？

我在佛罗里达州帕特里克空军基地的士气、福利和娱乐部门担任作家兼编辑，从此开启了传播生涯。作为该职位第一个任职的人，我负责为十几家娱乐组织制订全面的营销计划。空军的文化是赋予军人冲锋的职责，同时给予充分的信任，这个理念为我以后的职业发展奠定了良好的基础。

你对工作最美好的印象是什么？

我职业生涯中的一个亮点是与阿波罗宇航员皮特·康拉德（Pete Conrad）一起在恶劣的条件下进行火箭试验：气温达到90摄氏度以上，有响尾蛇出没，设施严重匮乏。在延迟发射期间，皮特带我去参加了一场撞车大赛，又去了一家餐厅，在那里与我分享他早期太空探索的故事。

你会给出哪些职业建议？

诚实和求知欲可以让你在传播工作中获得竞争优势。如果你能展示出对企业目标的深刻理解，找出别人看不到的机会，并领先于他人把握住趋势和机遇，你将为商业伙伴带来更多价值。表现真实的自己有助于提高你的可信度和声誉——这两方面对于确保长期的成功至关重要。

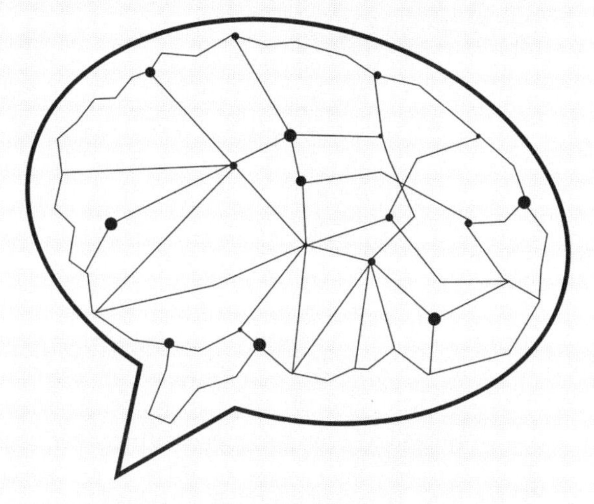

第五部分

企业战略、创新与法务

第十章

与战略和创新部门协作：迎接挑战，宣传宏大的目标

琳达·卢瑟福 | 美国西南航空公司

当我的职业生涯从新闻行业转向传播行业时，我花了一些时间才明白，传播不仅是传达基本信息，也是分析“5W1H”[①]，还要求具备一种清晰的写作风格。有效的传播是信息与理解的结合。为此，我必须了解公司有效运转的原因，赢利的方式，以及如何获得了如此高的财务信誉。

有效传播于我有什么好处?

我需要将美国西南航空公司的宗旨——在航空旅行中满足乘客的关键需求——与员工生活中重要的事情联系起来。我要帮助员工了解公司的财务状况、工作重点以及竞争环境，从日常工作中获得更大的使命感。传播人员可以通过多种方式在这些方面加深理解：花些时间

① 即Why（原因）、What（对象）、Where（地点）、When（时间）、Who（人员）、How（方法）。

阅读公司的财务报表和收益报告；在业务领域找一位年轻的专业人士进行私下交流；找一位业内专家提供指导，帮助你深入了解行业中的复杂问题；你也可以参加商业课程或阅读相关图书，掌握商业术语或了解行业挑战。

例如，我们可以单纯地介绍政策的变化，发布一份简单的通知。但是，我们必须更进一步，思考“于我有什么好处”，员工为什么需要付出更多努力？为什么应该与公司一道努力为客户服务？为什么实现新的目标或者帮助客户理解公司的国际化政策对于公司赢利来说至关重要？

从我了解到的来看，目标受众不仅要理解新的消息，还要产生参与其中的意愿。所以，重点不只是写出一篇清晰流畅的通告，而是深入了解公司业务，知道它如何赢利，然后将这些内容传达给员工，让他们获得激励并愿意参与。理解是参与的前提。

传播宏大的目标

接下来是艰巨的工作。美国西南航空公司时任战略与创新执行副总裁汤姆·尼伦[①]（Tom Nealon）有一天对我说：“嘿，你能帮我宣传一下新战略吗？我们需要员工了解我们如何成为世界上最受欢迎、航班数量最多、最具赢利能力的航空公司。”

我听到的更像是“你要如何向人们宣传宏大的企业目标？”

有时，我们会接到一项艰巨的任务：宣传宏大的目标。

进入这一行业之前，我们都接受过良好的传播培训——从新闻发布、内部传播、杂志或线上主题报道，到制订传播计划，有时甚至包

① 汤姆·尼伦，现为美国西南航空公司总裁。

括发表演讲。但汤姆想要的是让公司成为“世界之最”，并真实地呈现给员工。我们必须将这一宏大而艰巨的目标分解开来，让员工能够充分接受。

因此，我们将总体战略——为实现愿景制定的长期路线图——分解为5个主题。我们或许在学校学过这种方法，但真正的技能是在工作培训和经验中提高的。团队发现，实现战略的最佳方式是先让员工对我们要传达的信息产生兴趣；一旦他们参与进来并为汤姆的愿景所吸引，就会愿意认真聆听。

将宏大而艰巨的目标变为现实

我们的总体战略是接受一切有助于实现愿景的东西，同时排除一切干扰，这有助于将正确的资源与正确的任务相匹配。我们开始向员工介绍汤姆。

汤姆听取了我们的建议。他本能地相信员工需要更多地了解他，从而接受他提出的目标和使命——使美国西南航空公司成为世界上最受欢迎、航班数量最多、最具赢利能力的航空公司。

高管视角

汤姆·尼伦，
美国西南航空公司总裁

拥有5万多名员工的航空公司通过一项战略取得成功的关键在于让每位员工了解战略的内容、原因和实施方法。将这些信息传达给分布在100多个场所且不停地活动，几乎没有时间阅读公司战略文件的员工，是一项非常艰巨的任务。

首席传播官要想以员工能够理解的方式传达明确的目标，在他们繁忙的工作中占用一些时间和精力，需要在公司内部采用多种不同的传播方法。

虽然传播在我看来是每一位高管的职责，但我更需要首席传播官和他的团队以正确的方式扩散和定位这些信息。或许在以前，公司领导可以在公司所有员工齐聚的场合，一次性地向所有人传达信息，但这种时候已经一去不复返了。我经常说，明确的企业战略可以帮助我们将正确的资源与正确的任务相匹配。明确的传播战略也应如此。

在一次领导力论坛上，汤姆讲述了他的成长历程和大学期间参加足球队的经历。他在运动员磨炼技能和公司高管提升管理能力之间做了个类比——不能只擅长一项运动，要成为全能选手。一次不要只做一件事，这才是我们在竞争日益激烈的环境中取得成功的前提。

我们提出了5项战略主题——保护核心业务，赋予员工权力和加强企业的文化，控制成本，增强客户体验和稳定运营——并进一步将它们分解为日常工作。美国西南航空公司董事长兼首席执行官加里·凯利（Gary Kelly）每年秋天都会发布“作战计划”电子邮件，我们在其中加入如何将战略转化为日常活动的内容。

汤姆还需要视觉展示上的帮助。我的团队帮助他直观地用数字“5”来代表5个战略主题——也是我们获胜的5种途径。他最早提出使用三角形，但是遭到了反对，因为三角形暗示着顶角所代表的东西是最关键的，两个底角可能是战略的铺垫。

在每年2月举行的年度员工大会上，我们计划让汤姆发表演讲，介绍这项战略。我们为每个员工准备了宣传材料，帮助他们牢记这5个主题。最后，我们在每个主题后面添加了一些指标，并开发了激励程序，因此当员工共同实现了一个目标时，他们会在程序中获得现金奖励或积分。这是一个长期的活动。

如果组织想让员工牢记其创新或持续进步的战略或精神，就需要采用全渠道的方法，让关键受众获得亲身体验。作为传播人员，你可以采取以下行动：

◎ 帮助战略人员结合现实生活：在传播过程中推动实现期望的行为和结果。

◎ 通过讲述自己的故事来引发共情。例如，法律要求我们必须系好安全带。讲述一个人因为系了安全带而在车祸中侥幸逃生的故事，比阐释其中的因果关系更有说服力。

◎ 通过明显的视觉展示手段、视频和其他辅助材料，生动展现路线图、战略或商业计划，让受众产生参与的意愿。

最后，少说空洞的话，多传播切合实际的信息。

职业亮点

琳达·卢瑟福，

美国西南航空公司高级副总裁、首席传播官

你在传播领域的第一份工作是什么？

我在研究生就读期间，在纽约市的《新闻周刊》杂志（*Newsweek*）实习，现在我与当时结识的一些人仍然保持联系。实习也是探索我所热爱的传播和新闻领域很好的途径。我了解到，第一视角很重要——亲身参与行动，然后讲述我所看到或听到的故事。

你对工作最美好的印象是什么?

我要分享的不是最美好的印象，而是让我感悟最深的一次经历。2005年12月8日，我所就职的航空公司第一次经历重大伤亡事故：一架飞机在芝加哥暴雪中降落，脱离了跑道，撞上了一辆汽车，导致一名6岁的男孩死亡。这起事件超出了我的传播知识和经验，让我知道制订动态且灵活的计划有多重要，以及面对复杂的问题和事件也要坚持以人为本。

你会给出哪些职业建议?

◎了解别人的需求并满足它。要尽自己的全力，因为你会在这些机会中学到很多东西。

◎多听。克制炫耀知识的欲望；如果对方知道你在认真聆听，就会更加认可你。

◎不要把自己看得太重要。

◎有明确的观点并与他人分享。

第十一章

讲述价值创造的过程

克拉克森·海恩 | 宾三得利公司

有关重大收购的新闻几乎每天都会出现。

在每一条新闻的背后，都是数月的规划和跨部门协作，而传播和战略两个部门领导者之间的合作是撼动市场、激励员工和影响企业声誉的关键。

战略的意义

战略的核心用途是创造价值。公司以多种方式创造价值，其中购买和出售品牌或业务部门是首席执行官作出的重要决策。企业战略职能部门负责寻找交易机会，包括确定潜在交易的规模，判断战略匹配度、上游机会和下游风险，并计算估值。我没有商业或金融背景，起初听不懂什么是协同效应、企业价值或者债务与息税折旧及摊销前利润比等概念。通过承担财务传播工作，以及与公司的投资者关系主管、首席战略官、首席财务官和首席执行官等密切合作，我积累了一些基本知识。多看商业新闻也有帮助。

交易类型有很多种，包括补强型并购、合资企业、转型合并以及敌意收购等。公司会持续评估自己的品牌和业务组合，并有可能在评估结果的基础上作出资产销售等决策，例如，卖掉所谓的“尾部品牌”（tail brands）或对其他公司来说更有价值的品牌。事实上，在2016年，我们通过出售多个非战略品牌、收购一个快速增长的超级高端品牌以及投资开发新的增长平台，提升了公司形象。买方和卖方都会参考投资银行的咨询建议，任意一方都可以发起交易。交易流程既可以由银行通过正式途径开展，也可以通过非正式途径开展。例如，我们公司的首席战略官在领英上给一个品牌的所有者发送了要约，后来，我们公司收购了该品牌。

安排交易流程可能非常复杂，离不开与法务团队的大力协作。同时审查多个交易机会的情形并不罕见，而有时最好的交易可能被忽视了。

战略团队创造价值的职责远远比达成交易更重要。在我们公司，该团队的一项关键任务是制定三年期的战略规划，也是公司的中期增长路线图。“战略规划”明确了内部增长动力（包括品牌、创新、市场和渠道）以及潜在的并购活动。

高管视角

史蒂夫·费克海默（Steve Fechheimer）①，

宾三得利前高级副总裁、首席战略官

从我作为首席战略官的视角来看，与传播团队开展持续合作至关重要。并购活动就是一个例子，我让传播部门从早

① 史蒂夫·费克海默在撰写本文时担任宾三得利公司高级副总裁兼首席战略官，后来，他加入新比利时啤酒公司（New Belgium），担任首席执行官。

期开始加入进来，有三个原因。

首先，拍卖过程中的有效传播有助于创造无形优势。我在制定收购要约时，会说明我们为什么是该品牌或业务的最合适买家。企业往往希望被另一家具有高度的文化契合性和共同传统的企业收购，我会依靠首席传播官讲述我们的故事，确定能与卖方产生共鸣的信息。

其次，一旦交易信息泄露，我需要首席传播官帮助做好应对的准备。针对不同的情形提前写好声明，确保能够迅速采取行动来挽救交易。

最后，一些交易涉及重要的声誉问题，特别是与设施合并、裁员以及对当地社区的影响等相关问题。尽早让传播团队参与进来，这样我们能够分析交易对公司声誉的影响，制定有效的传播方案，向所有关键的利益相关者传达信息，同时将风险降至最低。

我们如何开展合作

与并购活动相比，企业的其他行动几乎不会牵涉更多的利益相关者。因此，当涉及重大战略举措时，首席传播官需要在多个关键的部门之间促成合作，包括战略、法务、人力资源、财务和高管团队。传播负责人参与决策可以尽早针对战略行动对多个利益相关者产生的声誉影响和潜在风险进行评估。例如，华尔街和企业员工对于一项交易的成本协同效益（例如裁员或设施整合）的感受将截然不同。一线人员的协作也有助于公司为作出重大公告提前做好准备。2013年年末，公司正在评估三得利控股公司提出的收购要约，当时由首席执行官带领包括5名高管的核心内部团队与投资银行家、外部顾问和董事会成员一道进行了整整2个月的筹备。

为了保密（这对于一家严格受法律约束的上市公司至关重要），我们设立了行政助理无法查看的私密电子邮件账户，经常在下班时间和周末会面，并且给项目取了个代号作为名称。作为该核心团队的成员之一，我对交易及其背后的战略有深入的了解，能够制订和发布一份全面的传播计划，包括为各类利益相关者提供的信息，以及针对各种突发事件的应对计划。在这次合作和全面筹备的基础上，最后的公告大获成功，员工和客户对新公司的归属和未来前景有了充分的理解，并感到非常兴奋。我们还获得了当地社区的支持，也向金融行业展示了我们为股东创造价值的能力。事实上，这次公告成为《华尔街日报》的头版新闻，228名记者出席了在日本东京举行的新闻发布会。

部门间的合作并不会止于公告活动；这只是个开始。大规模的企业合并离不开严密的规划和协调一致的行动。为了整合宾（Beam）和三得利（Suntory Holdings）两家公司，我们成立了一个项目管理办公室，其中包含25个独立的工作团队，负责为并购活动的商业、组织和文化等方面提供指导。据估计，仅在第一年，办公室工作就消耗了4万多个工时。对于我个人来说，我之前花在财务传播上的每一分钟都转化为内部传播，建立了高效的文化环境。被收购的公司员工往往有很多疑虑，第一个就是：这对我有什么影响？当然，首席传播官必须及时认识到并购对员工的影响，并相应地做好传播计划。除了尽可能提高交易创造的价值，公司也有必要证明自己遵循了价值观。

三得利收购宾公司的计划中不包括裁员，但员工有理由对这个从未听说过的买家感到好奇和焦虑。因此，从传播的第一天开始，我们将连续性和高度的文化契合作为两个关键点。令人欣慰的是，两年一度的员工调查显示，在变革时期，员工对公司的忠诚度实际上有所提高。

根据我们的理解，传播人员的职责是讲故事，真实呈现企业战略符合所有公司的核心使命——创造价值的故事。

如果你了解更多商业信息，以下是一些建议：

◎ 回顾你的公司和竞争对手在投资者大会上的发言。看看其他公司如何向投资界讲述自己的故事，会给你一些启发。你可以在各个公司网站上的投资者板块找到发言文稿，上面还有季度收益报告等内容。

◎ 阅读本公司或行业的证券分析师的报告。除了获得“买入”“卖出”“持有”等建议，你还可以从这些报告中了解到很多关于竞争对手及其战略的信息，以及华尔街如何看待你的公司。

◎ 如果有机会，你也可以阅读公司内部的战略规划报告和竞争分析报告。任何能够展示管理者对市场的现状和未来的洞察的内部资料都很有用。

◎ 收看商业新闻。你会听到各方的声音——包括首席执行官、分析师、基金经理和商业记者——并迅速掌握华尔街的语言。

职业亮点

克拉克森·海恩，

宾三得利公司传播与公关高级副总裁

你在传播领域的第一份工作是什么？

在康奈尔大学的第一年，我加入了学生广播电台的体育栏目。在广播电台工作锻炼了我清晰、简洁、快速写作的能力。最终我成为栏目负责人，积累了早期管理经验。这次经历加上对政治的热情，让我在第一份正式的传播工作中（担任美国共和党参议员的广播机构负责人）受益匪浅。

你对工作最美好的印象是什么？

这个很难选择，但一个非常美好的回忆是在2007—2008年，我在美国富俊国际公司（Fortune Brands）组织了一场公司声誉宣传活动，将公司宣传为瑞典知名品牌“绝对伏特加”（Absolut Vodka）的理想买家。公关和公共事务部门负责在激烈的竞拍过程中影响人们的看法，其中我用上了自己的全部技能，并获得了宝贵的国际经验（虽然最终竞拍失败了）。

你会给出哪些职业建议？

（1）在大城市开始职业生涯。你可以尽早积累大量工作经验，而且政治领域的传播技巧在商业领域也很有用。

（2）重视写作能力——包括你自己和你要招聘的员工的能力。世界上好的作家不多，而你要成为公司的专职作家。

（3）了解自己的行业。否则你无法成为企业领导者。

第十二章

父亲教会我的事：将“格林纳规则”纳入企业战略和规划

查克·格林纳 | 沃博联公司

我的父亲威廉·格林纳在公共事务领域有着非常精彩的职业生涯。作为一名退休的空军上校，他曾在1976年担任杰拉尔德·福特总统的竞选发言人、福特总统的副新闻秘书、五角大楼发言人和唐纳德·拉姆斯菲尔德担任美国国防部长第一届任期的新闻发言人。他会以诚实且直截了当的方式宣布负面消息，因此被誉为第二次世界大战以来最高效的发言人。他还曾在西尔制药公司（G. D. Searles）担任传播负责人和其他高级职务。

在职业生涯中，我父亲制定了一系列企业传播规则，被称为“格林纳规则”。我从小就知道这些规则，因为我父亲会在家人面前练习演讲。在我自己的传播职业生涯中，他提出的规则（通过我自己的工作经验进一步磨炼和拓展）是非常宝贵的，我始终利用它们为企业决策提供指导，努力为社会争取最好的长期结果。在房利美公司（Fannie Mae）和沃博联工作期间，我有幸能够应用和完善这些规则。

高管视角

斯蒂芬·阿什利（Stephen B. Ashley），
房利美前董事会主席，
阿什利公司（The Ashley Companies）创始人、
董事会主席、首席执行官

我在2004—2008年担任房利美董事长，那段时间对于美国房地产市场以及为其提供资金和支持的公司来说是一个充满挑战和危机的时期。房利美及其主要竞争对手受到来自各个方面的严格监管和施压，包括市场、政府监管机构、股东、投资者、美国国会和白宫、媒体等。在董事会成员和管理者制定战略的过程中，对外事务主管查克·格林纳的参与是非常关键的，他利用他父亲提出的“格林纳规则”，帮助公司这艘大船在汹涌的海上保持航向。

在应对危机的过程中，查克向房利美董事会成员和管理者提供了至关重要的“内部局外人”视角。例如，面对媒体的严厉审查，人们很自然地想采取自卫措施甚至进行反击。查克帮助我们避免分心，集中精力应对真正的挑战：为房地产市场提供支持。此外，他促进董事会主席和首席执行官之间沟通，使这两个独立的职能可以有效地协调配合，一致处理内部和外部问题。

所有组织都应鼓励传播主管参与董事会和高管战略、讨论和决策过程，确保最终的战略和决策坚实有效，使股东、利益相关者和公众更容易接受。

这些规则具体包括以下几点。

规则1：“面对现实”

传播人员需要在内部讲故事——充当“内部记者”，验证公司的假设，提出尖锐的问题。如果答案不尽如人意，要继续追问下去。确保所有问题都得到解决。找出真相。只有这样，你才能提出最好的建议，并找到最好的传播方式。

曾有一些公司希望我帮助他们在艰难时期宣传他们自己编写的故事。我的建议是：面对现实，不要编写故事，要接受现状，作出必要的补救措施，然后继续前进。

规则2：形象无法凭空创造

正如我父亲所说，外在形象是内在现实的反映。我还要补充一句：“好的事实有助于写出好的故事。”同样，你无法把坏的事实变成好的故事，而只能尽量减少损害，跳出这个循环。如果管理者在面对坏消息时说：“关键是要把话讲好”，或者他们没有面对现实，而是说：“你应该这样想”，那么你就要当心了。

真正的关键是避免产生对抗和防御的心理。《芝加哥论坛报》（*Chicago Tribune*）在报道我父亲时写道：“在白宫，格林纳通过提出‘格林纳规则’——‘永远不要与手握笔杆的人争论’，促进了政府与新闻界的关系，说服福特和其他政府人士面对批评性的社论或新闻报道时不要有过激的反应。”

有一次，有家美国全国性的报社在报道中称我认识的一家公司使用了可疑的金融工具。管理者对这一说法感到愤慨，想宣布它绝对不真实，并予以回击。我认为，除非该公司能够以“没有例外或附加条件”绝对“无保留和无条件的”这些说法来证明报道失实，否则，这种回击只会适得其反。攻击该报社只会对公司声誉造成更大的损害。

规则3：不要将进步与行动相混淆

在谈到俄亥俄州传奇橄榄球教练伍迪·海耶斯（Woody Hayes）的策略时，我父亲警告称，不要将进步与行动混为一谈。当一家公司面临困境时，传播部门会产生压力，以为有必要做些什么，有时只是为了让人们好受一些——你并不是什么都没做，至少维护了他们。但有时，如果作出反应只是重复以前的故事，那么最好的方法是“什么都别做——在原地站好”。

这正是公司传播职能与政府传播职能的区别。在一场政治竞选中，假如只有一个对手，双方就会相互攻击。结局很明确：选举。选举结束后，攻击也就结束了，只有一方会胜出。而企业的目标是建立长期的声誉和价值，所以你要讲述一个长期的故事。短期内作出回应可能导致一片混乱，妨碍你实现目标。

规则4：没有规矩，不成方圆

早在大数据和分析方法出现之前，我父亲就敦促人们花更多的时间来衡量影响，在正确的方面展开评估。我归结为一点：“关键是建立问责制。”

举例来说，一家公司在制定战略时，每个部门都希望参与其中。传播部门需要参与，确保战略为内部和外部人员所接受，而不是丢给他们一堆无法理解的概念。但传播部门必须努力争取参与的机会。前提是我们要对自己提出的建议负责。如今，我们有声誉指标和计分板等工具来评估传播战略的效果。根据评估结果，管理者不仅能判断是否应该信任你的建议，还可以衡量传播领域投资的回报。

规则5：发挥纽带作用

在我父亲工作的时期，人们往往以为公共关系部门只是机械地接受指令——管理者作出决定，然后交给传播部门宣传。我父亲坚决反对这种观点。在当今的严格审查（媒体的迅速传播进一步加强了审查力度）环境中，公司需要认可传播部门在决策中的核心地位。让传播人员参与决策制定过程，有助于管理者作出更具战略意义的决策，同时促成各方建立关系和达成共识，同时在发布前确保决策能为外部人员所理解。

一个重要的关联工具常常被忽视：写作。在作出重大决策时，管理者有时认为在座的每个人都基于相同的事实和假设，因此所有人都能理解战略内容。在演讲中，一切听起来都没问题。而一旦落实到纸面上，每个人去阅读它时，问题就出现了——战略内容对人们来说毫无意义，他们无法达成共识。我认识的一家公司制订了一个非常出色的公司重组计划——至少在向业务部门员工传播之前非常不错。但是在编写公告的过程中，关于员工会受到怎样的影响以及他们会遇到什么问题等方面出现了很大的漏洞。

规则6：了解自己的奋斗目标

公司在制定上市的战略或决策之前要先思考一个简单的问题：我们想要实现什么目标？令人难以置信的是，有很多公司在没有真正了解目标的情况下直接发布公告，或者直接开始行动后，才让传播人员介入。管理者在行动过程中有时会关注公司反对什么，而不是要实现什么。但如果没有明确的目标，你就无法获胜。每一次行动都是一次新的机会，告诉全世界你是谁、你所代表的是什么。

规则7：保持谦逊没有坏处

传播人员始终冲在公司对外公关的第一线。到了舆论白热化的阶段，他们强烈的自我意识就会浮现，甚至阻碍成功的实现。例如，当记者、竞争对手、监管人员等来找你时，你可能会以为他们不怀好意。但每个故事背后的内容远远超出我们所听说或猜测的。如果我们设身处地为对方着想，保持谦逊，就能更好地理解所有情形，并更好地应对。

谦逊往往伴随着幽默感。这是我父亲给我上的最好的一课。他确实是个有趣的人。根据《芝加哥论坛报》1985年的报道，“在一次随总统出访的过程中，格林纳对《纽约时报》（*The New York Times*）记者吉姆·诺顿（Jim Nouton）搞了个恶作剧，格林纳建议记者团中一位以性格刻板有名的记者在参观飞机驾驶舱后向诺顿作独家汇报。诺顿痛苦地听完了一场长达45分钟的汇报。后来，作为回击，他在与格林纳一同到克利夫兰出差期间，在格林纳的酒店房间里放了一只公鸡。”

正如史蒂夫·马丁（Steve Martin）所说的，“你每天都要笑一次，因为没有笑声的一天有如黑夜”。企业传播并非像怀疑人士所说的那样编故事，而是预测、规划和帮助企业克服创新过程中的种种问题，保持正轨并向前推进。我的父亲可能会被今天这种快节奏的新闻工作所震惊，但他的洞察力和幽默感是永恒的，至今仍然能给人们带来鼓舞和启发。

职业亮点

查克·格林纳，

沃博联公司事务与传播高级副总裁

你在传播领域的第一份工作是什么？

我23岁时，除了在1976年总统竞选的共和党全国委员会做政治研究，还第一次为辛辛那提选区的前众议员比尔·格拉迪森（Bill Gradison）管理竞选活动。虽然没有专门从事传播，但这项工作涉及大量传播工作，包括与选民、竞选支持者、社区，当然还有媒体建立联系。

你对工作最美好的印象是什么？

我对每一次职业机会都心存感激，我热爱这样一个充满活力的行业所具备的创造力，以及包括同事、客户和媒体在内的所有人。当然，也会出现挑战、压力、工作危机和失眠。但我对这一路上的每一步都终生难忘。

你会给出哪些职业建议？

尽你所能，在目前的职位上脱颖而出，不要为下一步感到担忧——机会总会出现的；努力工作；保持好奇心和求知欲；在关注他人时也要有自我意识——了解你自己，以及你所发挥的作用；找机会帮助他人；认真聆听；成为一个有趣的人。

第十三章

了解公司法务部门

马克·贝恩 | 阿珀90咨询公司 | 贝克·麦坚时国际律师事务所

"今天要与法务部开会，我实在太兴奋了。"从来没有一位传播人员说过这样的话。

法务和传播人员之间的关系很棘手。双方偶尔会就公司应该或不应该做什么或者说什么而产生分歧。

但双方的职责和技能使他们在对公司声誉和业务成果产生影响的问题和危机方面成为关键的合作伙伴。

法务部门的职责

下面，我们简要了解一下法务部门，以及它与传播部门的职责交叉点。

法务部门的职责和构成因公司类型、规模和归属而存在差异。但一般来说，大公司的法务部门承担以下职责。

为了实现企业的成长和繁荣，法务团队应做到以下几点：

◎ 遵守现有法律法规；

◎ 充分利用好法律法规；

◎ 在各种纠纷中为公司辩护；

◎ 在交易中提供协助和制定文件；

◎ 在内部和外部妥善地披露；

◎ 保护公司资产，包括知识产权；

◎ 评估和管理业务以及法律风险。

这些部门通常承担法律、监管和政府关系等职责。传播部门很少向法务部门汇报工作。2013年，只有6%的传播团队有明确的汇报义务，28%的团队间接向法务部门汇报。

法务部门由首席法务官以及法律顾问领导。法律顾问通常向首席执行官报告，并与之密切合作。法律顾问一般是公司高管团队的成员。

大型组织中的法务部门可能有几十名员工。这些部门往往包括各个领域（例如劳动法和证券法）的专家以及与业务部门和其他部门密切合作的法律通才。律师助理和行政人员协助开展日常工作。

法务部门与传播部门的业务交叉点

优秀的法务人员和传播人员有着共同的重要特征，包括：

◎ 坚守道德、真理和正义；

◎ 努力使员工行为与公司价值观保持一致；

◎ 在工作中保持合理的怀疑和谨慎态度；

◎ 做好直面问题的准备，向领导层说出难以接受的真相；

◎ 需要首席执行官提供明确的支持，推动工作进展；

◎ 熟练掌握书面和口头语言。

但法务和传播人员的思维和工作方式也存在一些显著差异：

◎ 法务人员的工作离不开法律法规，传播人员不需要。在提供

高管视角

克雷格·默林（Craig Meurlin），
安利公司（Amway Corp.）前法务总监

马克·贝恩简要介绍了法务部门的职能。我想再强调两点：我们负责保护公司的资产，并确保合法合规。合法合规一直是法务部门最关心的问题。

律师往往不清楚传播人员如何在这些方面提供帮助。声誉是公司的终极资产。我曾经听说马克向高管团队展示一份全球声誉战略，负责运营和人员管理的高管表示这可以作为公司战略规划的基础。

然而，法务和传播两个部门开展合作的最大机遇在于支持建立一种维护企业成果、遵守法律法规的文化环境，在整个组织内有效传递信息并鼓励开展实际行动。这需要首席执行官的大力支持，一旦得到了这种支持，法务和传播的组合就会迸发强大的力量。

在谈到传播人员时，马克表示在法务人员看到风险时，这些人能“预见机遇”。这么说没错，但经验丰富的律师是需要咬文嚼字的。只有你坐在法庭上，看着对方律师将你在披露文件中写的个别文字专门挑出来，才能真正理解法务工作的含义。

建议时，双方都根据原则和价值观作出判断，但前者可以用法律来支持自己的立场。

◎ 法务人员在学校接受过案例培训，能够在实践中找出风险和错误。优秀的法务人员会积极寻找解决方案，但由于经常指出问题，他们往往被视为悲观主义者。传播人员则能够从困境中寻找机遇。

◎ 法务人员说一个“不”字就会让工作停下来。传播人员则需要利用影响力来实现变革。

◎ 法务人员会强调自己通过完成交易或胜诉为公司节约的资金支出。传播人员则努力证明自己工作的财务价值。

◎ 大多数法务人员严格遵守纪律，关注细枝末节。而传播人员更加重视创造力。

最后，传播人员需要注意，法务工作的本质和实践经历了重大变化。公司面临着控制法务支出的压力，不得不将某些法务工作自动化或者外包。与此同时，公司日常活动越来越受到政府监管的约束，随着监管机构联网以及监管制度的调整，一些政策开始向其他部门扩展。

与法务部门合作

与法务部门合作，传播人员可以获得一些在职业生涯中较有启发性和回报的机会。

这两个部门在几乎所有业务问题或危机中都发挥主导作用。双方是否能够开展合作、探索有效解决方案，决定着对企业发展有促进还是阻碍作用。我与法务部门的同事合作应对过各种挑战，例如：

◎ 政府关停企业；

◎ 公司机构改革和品牌重塑；

◎ 公司重组（包括大规模裁员）；

◎ 产品召回；

◎ 与竞争对手、员工和其他人的诉讼；

◎ 高管遭到起诉、审判或监禁；

◎ 政府贸易和税务官员突击检查；

◎ 前首席执行官参选州长；

◎ 地震、洪水、爆炸、火灾等；

◎ 调查性新闻报道和对公司发出批评和攻击的网站。

在这些案例中，法务和传播团队间的合作使公司受益匪浅。如果双方互不来往，或者在战略上没有达成一致，结果会截然不同。

然而，也有一些紧张的时刻。当传播人员得知公司在接下来24小时到48小时内将发布公告，而法务人员和其他人已经为此奋斗了几个月时，他们会感到沮丧。同样，在企业经历危机时，传播人员想要第一时间通知员工和其他人，但法务人员可能会反对发布任何有可能成为公司把柄的内容。

这两个案例的核心在于保持机密性，进而将法律和业务风险降至最低。一些法律原则（如律师和客户的特权），以及严格限制事先向高管披露的并购信息的保密合约必须保留。

如果传播人员和法务人员都掌握基本规则，并提前了解背景信息，这些紧张的时刻是可以预见且避免的。此外，双方还可以与公司管理者就风险承受能力展开深入讨论——这一对话或许会帮助公司避免以后的问题。

传播人员应与法务部门的同事建立牢固的工作关系。他们不需要成为法律专家，但至少应该熟练掌握基本的法律概念和流程，从而有效地传递相关信息。日常工作经验加上跨部门培训和交流有助于提升

职业亮点

马克·贝恩，

阿珀90咨询公司总裁，

贝克·麦坚时国际律师事务所前首席传播官

你在传播领域的第一份工作是什么？

我很幸运，在犹他大学广告和公共关系专业学习期间有过9次实习机会。这些实习帮助我掌握了基本知识，并获得了在博雅公关公司的第一份全职工作。博雅是一家全球领先的公关公司，我在那里工作了近16年。

你对工作最美好的印象是什么？

我最美好的印象是听罗纳德·里根总统宣读我为他写的演讲稿，向国际足球联合会承诺美国愿意主办1994年世界杯足球赛，并为此做好了准备。总统坐下来逐字逐句地阅读你写的文字，这种事可不常有！

你会给出哪些职业建议？

这是你的职业生涯——掌控它！要成为业务专家，而不仅仅是传播人员。努力确保你的人际交往和领导能力与你的传播能力相匹配。努力成为一个积极、有建设性和鼓舞人心的人，尤其是在艰难时期。最重要的是，要为你想实现的改变作出努力。

这种能力。

有了这一基础，传播人员将成为法务和其他部门更加可靠的顾问和不可或缺的伙伴。

当出现这个结果时，或许有些传播人员真的会为接下来与法务部门开会而感到兴奋了。

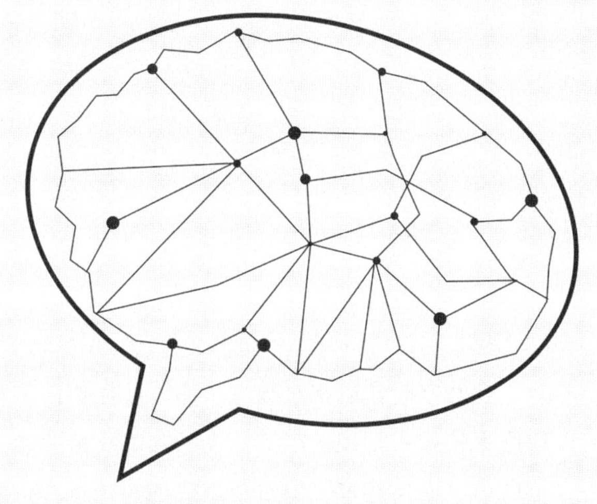

第六部分

营销、品牌与数据分析

第十四章

把握传播工作的正确方向

乔·杰克西、托尼·塞尔沃纳 | 通用汽车公司

在数字时代到来之前，传播人员在塑造企业声誉方面的能力很大程度上依赖于常识、广泛的人脉和讲故事的能力。到了数字时代，我们获得了大量数据，但对企业管理的基本概念缺乏了解，因此无法清楚地认识到这些数据对客户以及公司声誉产生的影响。

如今，优秀的传播人员不仅为客户或公司服务，还需要掌握不断变化的媒体环境所提供的数据，并与客户以及组织内部各个部门建立更加深入的合作关系，以推动实现总体业务目标。

高管视角

保罗·爱德华兹（Paul Edwards），

通用汽车雪佛兰营销副总裁

在我职业生涯的大部分时间里，汽车行业的传播和市场营销一直是两条平行的业务线。传播部门负责与媒体沟通，

市场营销部门负责与客户直接接触。事实上，消息的整合更多靠运气，而非充分规划、协调一致的行动战略。

如今在雪佛兰，这一切都改变了。整合营销和传播成为新的工作准则。我们了解客户，并且共享获取信息的方式。我们理解并积极引导客户的正面意见，避免产生负面的印象。重要的是，这两个部门有着相同且非常详细的品牌声誉目标。

这种合作关系看起来完全合乎逻辑，但汽车行业、媒体受众以及传统的预算规模使每个部门都承担相当复杂的工作，即使“单独行动”也能取得巨大的成功。而一旦我们开始携手合作，利用彼此的优势、创新和规划系统甚至分享共同的目标时，我们发现影响力呈现了指数式增长。

而且，无论你有多么成就斐然，总还有获得进步和改善客户关系的空间。

雪佛兰Bolt EV：确保传播工作与业务目标保持一致

雪佛兰为发布Bolt EV电动汽车（世界上第一款“人人可开的电动汽车”）制定的传播战略表明，企业传播必须与整体业务目标保持高度一致。

以往汽车都是在车展的新闻发布会上“发布”的。车展的公众开放日为潜在客户提供了在销售场所以外近距离欣赏汽车的机会，而媒体日活动的出席人员是长期以来成功报道的标杆——汽车行业的记者团。虽然这一群体作出了大量的报道——很多故事实际上是由汽车制造商讲出来的，记者们只是提炼了一下——但这些报道并不一定会从根本上改变企业的声誉。虽然公众开放日仍然是客户对比各种车型的重要场合，但很明显的是，汽车行业需要一种新的方式来打破混乱的媒体环境。

现在的核心问题是与更广泛的受众建立联系。吸引意见领袖的注意不能坚守低效的传统方法，而应采用新的渠道和技术。但这只是第一个问题。讲故事的对象越来越重要，仅仅依赖传统媒体是不够的。

《连线》杂志（*Wired*）2010年的封面故事不仅预告了紧跟行业发展的新媒体的出现，还体现了一些知名人士眼中新的故事主题——电动汽车竞赛。标题一语道破："电动车时代已经到来：埃隆·马斯克如何将特斯拉打造成未来的汽车公司。"这些知名人士认为这是一场没有竞争对手的竞赛——特斯拉一家独大，将主导未来市场。

这就是雪佛兰在准备推出Bolt EV时所面临的挑战。

雪佛兰全球传播团队制订了一项计划，整合了公司所有人才、专业知识和数据。公司结合市场营销、产品开发、市场研究、客户信息以及客户的媒体偏好制定了一项战略规划，旨在使雪佛兰成为技术和电气化领域媒体的讨论焦点——公司尚不具备这样的地位。

公司传播团队没有以想要试驾和评论雪佛兰汽车的媒体为传播对象，而是参考了营销和广告部门同事提供的数据，决定将重点从汽车行业记者团（以及他们在传统媒体中的2000万受众）转向数字消费技术平台的2亿受众。我们需要与这些人建立联系。

人人可开的电动汽车：品牌战略与成果

一切从一条推特开始。

2015年1月，通用汽车公司董事长兼首席执行官玛丽·巴拉（Mary Barra）在推特上发布了一张雪佛兰Bolt EV概念电动汽车的图片，下面写了一句话："人人可开的电动汽车。"由此开始，我们开展了为期一年的传播计划，包括直接与消费者、经销商、媒体、粉丝、其他利益相关者和批评人士合作。品牌致力于将一些原本较为小众的高科技车型（例如特斯拉Model S）向大众普及。雪佛兰的目的是从根本上改变有关电动汽车的舆论，因此传播团队和整个品牌团队针对每一个意见进行了分析和讨论。

雪佛兰Bolt EV于2016年在拉斯维加斯的消费电子展会上首次亮相。选择这一场合本身就偏离了行业标准——也体现了公司转向消费电子行业受众的战略目标——而媒体可以在这次展会上试驾量产汽车的早期原型。换句话说，这款汽车的首次亮相不仅给了人们拍照的机会，更能让他们获得新的体验，这是雪佛兰在新的领域提高声誉必须要做的。

从那时起，每个策略都是为了提高公司声誉而设计的。例如，在2016年秋，美国环境保护署为雪佛兰Bolt EV电动汽车规定了最高续航里程——238英里，这一数字超出了首席执行官和公司团队最初承诺的范围——而雪佛兰并没有仅仅公布续航里程，而是邀请媒体记者试驾，亲自感受这款车能开多远。传统和新兴媒体纷纷对这次活动进行了报道。更重要的是，这项策略为公司赢得的声誉扩展到了所有媒体平台，也加速了品牌声誉的转型。

现代传播人员：真正的商业伙伴

Bolt EV电动汽车对雪佛兰和通用汽车品牌都非常重要。它代表了一种新的出行方式，并使通用汽车公司拥有了技术领先地位。我们从根本上理解这款车型的潜力，因此能够让更多的潜在客户看到雪佛兰品牌，并为实现推进品牌增长势头的目标作出最大贡献，进而让人们产生购买的想法和意愿。

现代传播职能部门以及传播人员必须成为战略合作伙伴，帮助客户或公司实现其业务目标。为此，他们必须了解自己要宣传的领域，而不仅仅是宣传技能。必须清楚哪些关键的利益相关者推动着企业进步。

职业亮点

托尼·塞尔沃纳，

通用汽车公司全球传播高级副总裁

你在传播领域的第一份工作是什么？

我曾在克莱斯勒公司担任编辑助理。在这个职位上，我协助公司高管，包括李·艾柯卡（Lee Iacocca）准备演讲和书面材料、开展研究和收集数据。

你对工作最美好的印象是什么？

我最美好的印象是在2003—2006年帮助通用汽车公司在欧洲组建一支有凝聚力的团队。刚入职的时候，公司在不同国家的业务和品牌还是独立运营。通过制定统一的目标、开展跨职能传播以及提升品牌整体实力，我们打造了一支在西欧和东欧无缝协作的团队。

你会给出哪些职业建议？

始终保持好奇心，每天坚持学习。行业变化很快，声誉管理[①]也在发生变化。保持与时俱进的唯一方法就是不断地

① 声誉管理：公司为管理其声誉而采取的战略传播和行动，声誉是公司及其利益相关者共同拥有的无形资产。

学习。阅读关于行业挑战的书，研究其他企业的成败经验。学习不止与正式的课堂、教科书和考试有关。它必须成为一种生活方式。

如今的传播人员还需要了解这些受众对于提升企业声誉的作用，以及某个具体流程的利益相关者如何对业务产生影响——哪些声誉指标对他们来说最重要。消费者、政策制定者、股东以及潜在员工关注的方面各不相同。但是如今市场上充斥着大量信息，受众会筛选自己关注的信息。因此，现代传播人员需要利用新的数据管理技术，并与关键业务部门建立真正的合作关系，从而在目标受众偏好的渠道向他们发布相关信息，以此对目标受众产生实际影响、引导他们作出具体的行为，促进企业声誉的提高。

第十五章

同一战线：营销和传播

理查德·吉尔伯格 | 艾睿电子公司

每次参加高管会议的时候，我都感觉像是一场过于严肃的家庭聚会。

先是首席执行官——相当于我们的父母。还有首席运营官——像个大姐姐一样环视会议室，确保每个人找到自己的位置并坐下。人们似乎都喜欢人力资源主管——他看起来像是善良的小弟弟，喜欢躲在后面，与袒护他的妹妹——首席法务官坐在一起。当脾气暴躁且擅长分析的叔叔——首席财务官走进会议室时，每个人都有些畏惧——他会根据我们以往的表现决定每个人晚上是否有饭吃。

对了，还有我自己——我像是这场聚会中仅有的一对连体双胞胎，一对行为古怪、常被误解的小兄弟，时常吸引各位好奇的目光——我既是传播主管，也是营销主管。看起来毫无关系的两个部门合而为一。

当我们真正了解营销和传播两个部门及其职责时，我们才能理解这种怪异的组合。整个“高管家族”终将明白，自己最后的成功和生存取决于这对双胞胎。为了生存和发展，所有部门需要融合为一个整体。

营销与传播：一对双胞胎

营销是公司里最常被误解的一项职能，人们有时将它与销售相混淆，有时只能看到它的一部分职责（如仅仅看到其中的广告业务）。从定义上看，营销包含四个方面：（1）明确、筛选和开发产品（或服务）；（2）确定价格；（3）选择销售渠道；（4）制定和实施推广方案。接下来要做的就是执行。

在企业中，传播是一项关键的管理职能——组织的运营离不开各级别、部门和员工之间的沟通。组织内部的有效沟通当然是至关重要的，甚至可以说，营销人员与传播人员的某些职能非常相似：（1）明确、筛选和编写故事（或信息）；（2）确定价值；（3）选择传播渠道；（4）制定和实施推广方案。

显然，营销和传播本质上是相似的。

虽然相似，但各有不同

在许多方面，营销和传播就像一对双胞胎，虽然看起来相似，但也有区别。在我看来，营销主管和传播主管之间的差异不在于具体的职能，而在于目标受众或利益相关者的类型。营销部门更关注现有和潜在客户，他们是公司的命脉之一；传播部门则关注其他所有不直接以创收来衡量的群体：员工、媒体、投资者和其他有影响力的人士。

除了关注的受众不同，营销和传播人员还有不同的反馈渠道。别忘了，营销专业人员经常面临评估压力，主要与投资回报率有关，例如："我们花了多少钱，得到了什么？"他们时常要强调自己增加了营业收入（或者其他相关的财务指标）来证明自己存在的合理性，而且受到相当严格的支出限制，因此会感到有压力。

有时，营销人员会指着双胞胎中的另一位——传播人员说“我们也要对他们进行评估”，但除非企业针对传播部门制定了明确的业绩标准或评估指标，否则根本无法实现。

取得共识

“高管家族”知道，任期最短的一般是首席营销官。我听一些资深的营销人士说，首席营销官的工作是“租来的”。虽然这些首席营销官表面上西装革履、信心满满，但实际上，他们在极具挑战性的职位上接受着严格审查。因此，面对愿意帮助和支持他们的传播人员，他们通常会建立紧密的合作关系。

高管视角

迈克·朗（Mike Long），
艾睿电子总裁、董事会主席兼首席执行官

对于更为传统的运营主管或其他部门的领导而言，首席传播官或首席营销官的工作较为陌生，让人难以理解。与此同时，这些领导忙于本职工作，没有时间去了解营销和传播的具体职能（或者错误地认为“这很容易”）。

因此，首席执行官与传播主管之间最重要的关系不是监督，而是信任。当然，我希望理查德成为全世界最优秀的传播人员，但更重要的是，我需要了解他的性格，并将较大的权力和责任委托给他；在聘用他之前，我已经认识他15年了，因此我知道自己将得到什么。

> 你如果想在公司里成为一名成功的传播人员，就要尽最大努力去提升业务能力，同时必须获得并保持其他人的信任。如果你能像理查德一样获得了同事的信任，也可能会取得亮眼的成绩。

如果营销和传播部门始终无法协调一致，公司就无法取得最理想的结果。我想到了一家啤酒制造商，它的传播部门想要将水资源的循环利用以及天然啤酒花和大麦作为宣传重点。同时，营销部门想要在一个投资数百万美元的广告中表现肌肉发达的男人和身穿比基尼的女人畅饮该品牌的啤酒并一起跳舞……谁传达的信息更容易被市场所接受？面对庞大的营销预算，传播部门往往毫无竞争力，因此这两个职能部门必须始终保持目标一致。

相同的关键素质和特征

我想补充一点，根据我的经验，如果一家企业关注自己的长期生存能力，那么营销或传播人员最重要的特征应该是有勇气说出真相。对管理者说实话。营销和传播活动如果不能反映现实，那么它在短期内可能有效果；但如果公司欺骗客户，那么公司便无法长久生存。营销或传播人员最终只能吞掉自己种下的苦果。

成功的营销和传播人员拥有非常相似的素质。加利福尼亚大学安南伯格传播与新闻学院的研究报告显示，成功的传播人员的最显著特点包括共情力、文化水平、求知欲、全面思维和信息适应能力。在观察成功的营销专业人员的特质时，我发现他们与传播人员之间有极高的相似性。

职业亮点

理查德·吉尔伯格，

艾睿电子公司营销与传播副总裁

你在传播领域的第一份工作是什么？

我曾在一家很小的公共电视台做暑期实习生。同事不知道该给我安排什么工作，所以我问他们是否可以借给我一台相机和编辑设备，让我做一系列简短的公共服务宣传片。我很开心有机会在一家小公司从事重要的工作，而不是在大公司做微不足道的事。

你对工作最美好的印象是什么？

我在新奥尔良拥有一家广播电台，卡特里娜飓风来袭时，我和首席运营官立即飞往休斯敦，驱车进入这座被封闭的城市。尽管存在危险，但作为传播人员，我们深知自己对社区的义务，于是努力让电台恢复广播，为人们报道新闻并一同祈祷。市长给我们颁发了普利策公共服务奖，但这次经历更让我们明白了自己在这个行业中的重要作用。

你会给出哪些职业建议？

坚持为最重要的工作付出努力，至少每个季度进行总结，问问自己：“这个季度的表现是最好的吗？”在不断进步的过程中，你永远不会感到枯燥，也不太可能会失业。随着年龄的增长，你会发现努力总有回报。

总之，营销和传播人员可以影响世界。人们倾向于接受、转述和遵循我们向世界传达的信息，所以你要有说真话的勇气。传递好的、善意的信息。作为一名传播人员，你需要与营销部门的同事一道，尽最大的努力将最重要的、最有影响力的信息传递出去！

欢迎加入“高管家族”。

第十六章

学习商业语言，保护既有成果

B. J. 塔利 | 泰科电子公司

我曾经在以政府为客户的机构和组织中工作，加入泰科电子是一次不错的学习经历。在泰科电子，传播是营销部门的一项职责。作为一家以企业为主要客户的公司，泰科的营销部门直接负责创收。

对我来说幸运的是，首席营销官曾是阿瑟·佩奇协会成员，因此公司将战略传播作为营销战略的一项内容。虽然品牌知名度和声誉对泰科来说非常重要，但很大程度上，公司的成功是根据发展前景、潜在客户和营业收入等来衡量的。

那么，营销和传播两个部门之间有什么联系呢？这两个相互关联但又截然不同的领域如何互动？

别担心数据

营销和战略传播之间成功开展合作的第一个要素是使用相同的语言——商业语言。当然，这是一条双向轨道。战略传播人员不仅需要了解营销战略和营销成果的评估标准，还必须将难以衡量的传播结果与业务结果联系起来。

高管视角

艾米·萨米（Amy Summy），

泰科电子公司高级副总裁、首席营销官

在职业生涯中，我曾经带领过营销团队，并为许多组织提供咨询。根据以往经历，营销没有单一的设计或定义，在有些情况下，传播是一项独立的职能。在泰科电子，传播属于营销部门。传播团队领导与其他部门领导并肩工作，打造公司品牌、赢得和留住客户，并让员工和利益相关者参与实现公司的目标和价值。

我对品牌特别感兴趣。强大的品牌驱动着企业价值的实现，是长期大量投资的结果。然而，品牌可能在一夜之间失去价值。营销人员倾向于从客户的角度关注品牌。传播团队领袖还要兼顾其他的视角——员工、合作伙伴和投资者等，这些视角有助于帮助任何品牌提高投资回报率并降低风险。

世界是互联的，随着数字和社交媒体的兴起，我相信将营销和传播职能整合在一起将给组织带来最大效益。广告文案和新闻稿不再是孤立的，在社交媒体上发帖可能会产生重大影响，克服危机需要强大的团队合作和多种视角。一个综合性的战略营销和传播团队将带来更好的结果，同时确保组织的基本面和优势保持不变。

营销指标——例如潜在客户、营销机会和潜在客户转化率——往往比传统的传播和公关指标更具体、权重更高。而且营销人员通常认为自己比传播人员更了解传播和公关指标，无论是否准确。

因此，先是需要增强意识和加深理解。参加营销会议，解读分析数据，提出问题，同时思考传播活动和结果如何直接（或间接）与营销目标和可交付成果相联系。

了解到一定程度之后，接下来将这种基于数据的责任制更多地运用到传播工作中。例如，调查主要竞争对手的话语权，不要仅仅计算媒体报道的数量。查看他们将博客或自有社交平台上的访客引流到潜在客户营销活动网站的成果如何。你无法将传播计划的影响全部量化，但需要按照既有目标，逐步提高可评估的、有影响力的业务成果。

在我的职业生涯以及学习阶段，我听到很多同事和学生说自己“走进公关这一行是因为不用再学习数学”。但是，如今的组织根据业务指标来确定效益，战略传播也应如此。

战略传播领域的职责

但是，仅仅使用同一种语言并不能确保建立成功的合作关系。战略传播部门在市场营销方面有着丰富的经验，但它在为组织创造价值方面究竟有怎样的独特地位?

我喜欢用体育来作类比，营销职能中的战略传播相当于美国足球中的进攻线。进攻线球员的作用包括阻截对手攻势、守护好己方的位置以及冲向对方的场地，帮助带球队员破门。如果换成橄榄球，这一角色相当于中场球员——时而防守，时而帮助传球。

归根结底，球员必须帮助队友冲锋或防守，或者同时进行。战略传播对于组织，尤其是营销职能来说发挥着同样的作用。

保护既有成果

从整体职责来看，战略传播对营销职能乃至整个组织来说最重要的一个作用是维护来之不易的声誉。组织花费大量资金和时间打造品牌知名度和亲和力，但在一个互联程度越来越高的世界中，声誉问题或处理不当的事件几乎可以瞬间摧毁所有价值。声誉受损的影响甚至不仅仅是失去既有成果——还包括修复损失的成本以及失去与利益相关者的合作机会。

在管理声誉方面持续进行小额投资，可以作为抵御声誉风险的一种手段。近年来，英国石油公司、墨西哥风味连锁餐厅、雅虎和美国联合航空公司等知名品牌都因为传播职能不完善甚至完全缺失导致主营业务受到了影响，遭受了数十亿美元的收入和市值损失。虽然有效的战略传播不能确保避免所有声誉问题，但它有助于缓和影响，帮助组织更快地恢复积极的发展势头。

我在与泰科电子的营销同事谈论为什么传播工作很重要时，有一个观点引起了大家的共鸣——良好的声誉资本储备可以将员工的努力和企业投资转化为对主营业务持久的积极影响。考虑到这一点，无论是开展品牌或产品营销活动，还是宣布高管的人事变动，我们都会确保在赢得媒体、自有平台或付费渠道中传递一致的信息。

加速推进营销工作

战略传播除了对营销职能起到保护作用，还是营销工作的加速器。与更广泛的利益相关者接触并建立关系是传播人员与营销人员最有价值的合作方式之一。根据我在上文作的类比，传播人员相当于足球比赛中冲在带球队员前面的进攻线球员，或者橄榄球比赛中勉强挤出一条通向球门的道路的中场球员。

营销和传播两个部门在筹备产品发布会、为活动网站引流或者直接获客等方面的合作效果和影响力最大，但不会百分百产生效果。早期尽快开始合作是取得最大影响并实现相关业务目标的关键。传播人员如果等到后期才加入，或者只是被动地接收指令，将严重削弱战略的效果和创造性。

员工传播对于强化营销工作的效果也不容低估。团队充分掌握信息并积极参与，将成为品牌及营销工作的强大动力。美国西南航空公司在吸引员工参与和塑造客户体验方面尤为突出，因此成为航空公司中的佼佼者。

营销和传播部门在内容主题、品牌声音和基调等方面协调一致，不仅可以防止利益相关者之间出现分歧、最大限度地提高特定活动的关注度，还能够提高品牌知名度。理想的情况下，新的客户将主动关注品牌。

开展渠道间协作

战略传播人员必须代表利益相关者推进各渠道间的协作。泰科电子公司与许多其他公司一样，营销人员负责管理付费渠道和大部分自有平台，传播部门负责赢得媒体的信任。

然而，在收集信息、形成意见或开展业务等方面，不同渠道的利益相关者很少能协调一致。无论公司的所有制结构或汇报机制如何，战略传播人员作为利益相关者之间的纽带必须推动渠道间的协作，确保声音、基调和体验保持一致，这样才能赢得利益相关者的信任；否则，信任就会消失。

2017年，百事公司因一则以抗议活动为背景的广告而遭到强烈抵制，其中超模肯德尔·詹纳（Kendall Jenner）试图通过一瓶可乐，化解示威人士与执法人员的紧张对峙。该广告导致公司声誉受损，甚至可能损失了收入。这个例子表明，百事公司面向付费媒体作出的决策应该没有经过战略传播部门（该部门非常了解公司的所有利益相关者）的有效审查。

利益相关者既不知道也不关心谁负责控制哪个渠道。他们想要看到信息、故事或行动——并根据自己的经验支持或反对品牌。如果营销和传播人员能够充分地了解对方的能力，组织就更有可能建立信任、保护声誉和取得业务成果。

职业亮点

B. J. 塔利，

泰科电子公司高级传播总监

你在传播领域的第一份工作是什么？

我在北卡罗来纳大学的第一年曾在伟达公关公司实习，当时我就下定决心从事这一领域。我参与了一个传播项目，支持印第安纳州加里机场成为芝加哥的“第三机场”——当时这几乎是不可能实现的。尽管存在挑战，但探索关键问题和利益相关者，以及亲眼见证有效的传播工作产生的影响，这个过程是非常有趣的。从那时起，我完全被吸引了。

你对工作最美好的印象是什么？

2009年，我在马士基公司担任公关和传播负责人，该公司正是遭海盗劫持的马士基·阿拉巴马号货船的所有者，这一著名事件后来被改编为电影《菲利普船长》（*Captain Phillips*）。劫持事件发生后，我被派往肯尼亚蒙巴萨处理媒体关系。这次经历改变了我处理危机传播和与利益相关者打交道的方式。我没能成为电影里的一个角色，但这是职业生涯中难得遇见的挑战。

你会给出哪些职业建议?

你如果有机会挑战自己并提高专业水平，那么不要拒绝它。不要专门研究某一类型的战略传播，尤其是在进入该领域的头几年。你对各种渠道了解得越多，效率就会越高。最后，掌握推动组织发展的财务和业务基础知识。你不一定非得获得工商管理硕士学位，但必须有足够的知识参与战略对话，并知道如何提问。

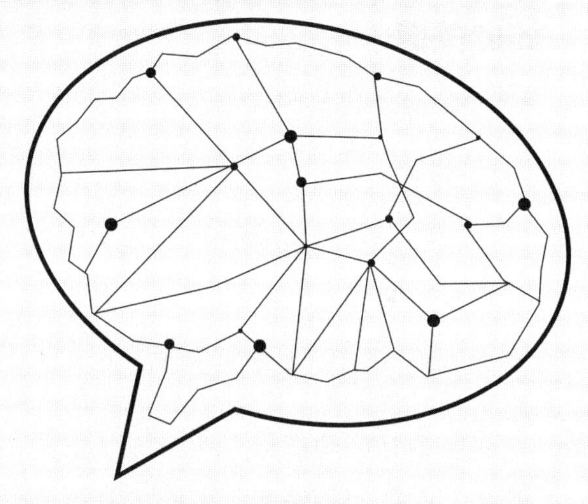

第七部分

社会责任与透明度

第十七章

信任、真相与透明度：客观事实与企业诚信为何如此关键

马特·皮考克 | 沃达丰集团

这算不上是一场抗议。两个年轻人拉着印有红色“逃税者”字样的横幅，安静且自觉地站在公司年度股东大会的会场外，各位私人投资者纷纷从他们身边经过，其中不乏年长之人。

“你们弄错了，”我对这两个人说，“你们了解税收制度的原理吗？”

在他们的注视下，我解释了历届政府如何制定激励措施，鼓励公司将积累的财富以复杂的方式投资出去，从而享受税收减免优惠。他们眼中的“漏洞”通常只不过是通过税收制度作出的政治选择。

天上下起雨来，雨滴斜落在横幅上，文字逐渐被冲淡了。“随便吧，”一个人说道，“大公司说的话都不是真的。你们都是骗子。”

这两个抗议者代表着亿万人的态度。我们生活在一个缺乏公信力的时代。多年来，人们对支撑现代经济和社会的大公司的信任已大大降低。我认为主要原因在于，人们大多认为大公司管理者经常在公众关心的问题上说谎，而且这种信念在媒体和文化环境中被不断强化。但局面是可以改变的。随着时间的推移，一场渐进的革命将改变公司

与社会的关系。其核心是提高企业透明度。

客观的事实，实在的资金

公众针对世界最大的电信公司之一——沃达丰集团的税务抗议始于2010年。媒体对沃达丰逃税的指控引发了公众的政治谴责和街头抗议。抗议活动开始后不久，我加入了这家公司，很快便发现了关于危机和问题管理的一项基本原则：当有人公开指控你的不法行为时，生活会迅速变得“二元化”。要么你做错了，这时你需要迅速道歉，解释具体原因以及如何解决；要么你可能什么都没做错，这时你会站出来反抗，并一遍遍地大声向所有人说，他们对你的指控是错误的。

准确区分“忏悔”或“反驳”这两种策略依赖于危机和问题管理的另一项基本原则：先要弄清真相。你需要来自组织内部没有经过编造的客观事实——这些事实通常直接来自一线员工。

高管视角

塞皮尔·蒂穆雷（Serpil Timuray），
沃达丰集团首席商业运营和战略官

企业很容易将目光局限于自身，说服自己某些真相是不言而喻、无可争辩的，却忽略了大门外堆积如山的反面证据。高管们必须时刻关注这种风险，尤其是首席传播官。

要提高企业传播职能的效率，最好在与外部利益相关者公开且坦诚地沟通的同时在内部不断挑战自己——提一些困难的问题，向所有业务部门施压，确保他们给出最可信的答案。向受众展示公司是传播人员的一项重要职责；与此同时，他们还需要请受众走进公司，确保管理者充分了解公众情绪的变化并作出应对。

国际金融危机发生后，公众对全球化的后果更加担忧，因此传播人员的这种双重职责更加重要。企业迫切需要证明自己既有商业目标，也有社会目标——向逐渐感到失望的公众证明，他们的核心业务会产生积极的社会影响。

有效的企业传播是这项任务的核心。

沃达丰的税务工作极其复杂——但并不比约束它们的会计准则和国际税务规范更复杂。它的核心问题在于透明度，而不是非法行为。企业应向社会公开提供证据：非专业人员能够看懂的具体数据和直截了当的解读。

2012年年末，我们发布了全球电信和技术行业有史以来第一份税务透明度报告，全面概括了公司的税务策略，用简洁易懂的措辞介绍了公司在各国的分支机构向当地政府实际支付的总税额。公司没有回避任何问题，正面回应了过去每一次争论和指控。报告披露的透明度在当时和今天都是相当高的。

公司税务报告就是一个我称之为“绝对透明度”的例子——在公司遭到错误的指控时，通过积极主动披露进行强硬回击的策略。在第一份报告发布一年后，我们发现，税务并不是“绝对透明度”在维护企业声誉方面发挥关键作用的唯一手段。

窃取个人信息与隐秘的真相

2013年，美国国家安全局承包商博思艾伦前员工爱德华·斯诺登（Edward Snowden）声称，情报机构和电信运营商（包括沃达丰）非法勾结，窃取数百万人的信息。他的指控成为全球头版新闻，随着公众和客户的愤怒情绪不断增长，我们公司面临着艰巨的挑战。

面对逃税的指控，我们更容易弄清事实真相。但这一次是关乎国家安全的问题。保护用户隐私和提高透明度无法同时实现：了解真相的人很少，全面掌握信息的人更是寥寥无几。我们只能专注于已经掌握的内容：我们在法律层面能做什么，以及在业务层面如何应对；有关保护私人通信内容的内部规定有哪些；公司内部准则和政府强制规定之间有哪些冲突；我们如何迅速着手调查斯诺登的指控，但找不到支持这些指控的证据。

最终，我们出具了一份执法透明度报告。它是迄今为止最全面的同类报告之一，详细阐述了各国电信运营商协助政府机构和有关当局的法律义务的实际履行情况。

这份报告的发布也存在极大的风险。我们尽量避免透露对罪犯和恐怖分子有用的信息，但仍有一些同事受到了威胁。尽管如此，我们仍然认为应该勇敢地将报告公之于众。

转变舆论风向

这两份透明度报告都产生了重大的外部影响。执法透明度报告在100多个国家和地区成为头条新闻，引发了议会辩论，并得到隐私活动家和政府的赞赏——他们认为报告有力推动了重要的公共辩论。

对于美国街头抗议者来说，税务报告是否有足够的说服力？没有。有些人的不信任感是根深蒂固的，仅仅一次诚信行为根本无法消除。但它可以让那些更有学识和理性的批评人士发现，他们只是在攻击一家自己不喜欢的企业，而对于一家努力解释税收制度在实践中如何运作的公司，他们并无敌意。最终，舆论风向发生了转变，公众开始基于对事实的一致理解发表意见。

作出明智的选择

一些人认为，如今的大公司都是恶魔，完全符合各种电影和电子游戏中的反派形象。这种观点错得离谱：即使个别表现糟糕的公司也只是因为个人的愚蠢或者不负责任的行为积累起来造成的，而非因为不道德的发展规划。但人们很难明确区分哪些公司的领导严谨且诚信，哪些愚蠢而又自欺欺人——尤其是在职业生涯初期时。你要如何筛选？

首先，要明白公司所代表的不是物而是人；一家公司的经营方式很大程度上取决于其领导团队的风格。收看一些高管访谈，然后问自己：我喜欢这些人吗？如果某位高管住到隔壁公寓，你会有什么感觉？如果答案是否定的，那么你可能不会喜欢他们所管理的公司的文化。

其次，找到针对该公司不良行为的最严重的长期指控，看看公司是如何回应的。它是否通过公开和直接的披露回应了公众关注的深层次问题？还是保持了沉默？你将从答案中了解到该公司的传播部门是否能自由地代表公司发声。

始终记住一点：具有说服力和影响力、坚守诚信的人是宝贵的人才，在传播事业的各个阶段都很受欢迎。好的公司会明智地选择员工，同时好的员工也会明智地选择公司。

职业亮点

马特·皮考克，

沃达丰集团公司事务总监

你在传播领域的第一份工作是什么？

我曾经作为英国广播公司（BBC）的新闻记者辗转于各地，在世界上一些落后地区经历了太多不愉快的事之后，我对这个行业感到厌倦。随后，我跳槽到一家危机管理和传播咨询公司，发现亲自参与行动比站在一旁发表评论更有意思。从那时起，我加入了当时世界上最大的互联网公司之一——美国在线，当时正值互联网繁荣和衰落并行的时期。此后，我尝试了各种不同的职位、公司和领域。

你对工作最美好的印象是什么？

是我和同事作出积极改变的时候，例如，帮助达成了数十亿美元的在线交易，还有为减少事故发生的创新天然气和石油装置准备宣传材料。

你会给出哪些职业建议？

曾经有一位首席执行官告诉我，如果公司作出了错误的行为或者误读了外部的信号，企业传播人员应该获得“干预许可”。你要明智且合理地使用这一许可，并且只追随理解、重视和尊重该许可的人。

第十八章

传播人员如何帮助企业实现变革

斯泰西·夏普 ｜ 好事达保险公司

2016年9月30日，《华盛顿邮报》（*The Washington Post*）在喧闹的总统竞选活动之余，刊登了好事达董事长兼首席执行官汤姆·威尔逊（Tom Wilson）的一篇社论，题为《企业如何成为向善的力量》。汤姆写道，成功的企业不能仅仅关注传统的利润。他对已故的诺贝尔经济学奖获得者米尔顿·弗里德曼（Milton Friedmann）[①]的观点提出了质疑，后者认为："企业只有一项社会责任……就是在规则范围内提高利润。"

报社编辑担心有关弗里德曼的专业解读会让普通读者失去阅读兴趣。我们坚持将关于他的内容保留。我们认为，企业能够（并且应该）帮助解决社会问题，并在一定程度上应根据它们作出的善行的数量，而不仅仅是挣了多少钱来评估。在探讨如何领导和评估企业方面，如何衡量企业的成果以及这些衡量标准来自何处是关键的考虑因

① 米尔顿·弗里德曼：诺贝尔经济学奖获得者，货币学派创始人，自由市场经济学家，积极推行股东理论和股东至上的观点。——编者注

素。因此，汤姆指出，弗里德曼的观点构成了企业对于社会的作用的讨论框架。经过反复思考，《华盛顿邮报》的编辑保留了有关弗里德曼的评论。

维护社会利益的传播人员

作为传播人员，我们最重要的一项职责是阐明公司的职责，以及它如何为利益相关者创造价值。在这个方面，我们传递的信息不仅仅关于公司本身，还关于它在社会中的更大作用，以及如何成为行业标杆。我的团队与汤姆·威尔逊、首席财务官史蒂夫·谢比克（Steve Shebik）、公司治理团队和各业务领域高管合作，努力传达汤姆的想法：公司的商业绩效与公司对其他利益相关者的承诺息息相关，是实现这些承诺的基础。

2015年，董事长在给股东的年度公开信中提到，公司可以贡献的不只有利润。首席执行官在财报中也多次提到，好事达关注如何让股东的生活变得更美好。一些公司会将社会目标的具体内容留到企业社会责任报告中公布。但这种情况正在改变：越来越多像我们这样的公司开始审视自己在创造利润以外的其他社会角色。为了建立公众对公司的信任，我们必须了解外界对公司的评价标准，同时推动更多标准的采用。

讲故事的传播人员

作为传播人员，我们帮助人们了解企业在他们生活中扮演的角色。在为客户、员工和公众提供信息时，我们处于一个舒适区，有时甚至会将与投资界沟通的任务交给投资者关系和金融传播专家。一定要避免这种倾向。了解如何赢利和对社会产生影响，有助于我们为所有受众创造信息。

高管视角

史蒂夫·谢比克，

好事达保险公司执行副总裁、首席财务官

在好事达，我们期待各部门领导都成为优秀的传播人员，先从最高层开始。我与首席执行官汤姆·威尔逊共事了二十多年，亲眼见证了他如何谨慎地与所有客户沟通、与媒体互动以及为改善社会作出努力。作为好事达公司的首席财务官，我以汤姆为榜样，鼓励各位高管在开口之前仔细斟酌。在指导他人方面我也有一手：我的母亲是一名英语老师。

我希望传播合作伙伴也有同样的出色表现。正如商业领袖需要成为卓越的传播者，传播人员也需要具备非凡的商业智慧。我们要共同努力为利益相关者作出正确的战略决策，因此必须深入了解目前的任务。在收购过程中制定传播战略就是一个例子。

在好事达收购Square Trade①的过程中，传达基本的战略理念是非常重要的。此次收购于2017年1月完成，是好事达迈出的重要一步——公司引入了新的产品和销售线，既保护了消费者，又能拓展客户关系。在踏入新的领域之际，我们需要与传播合作伙伴密切合作，一起讲述公司故事。在好事达，我们帮助客户保护最重要的东西。从这个角度看，这

① Square Trade：一家消费者保护计划供应商，在美国多个大型零售平台上销售。——译者注

次产品的拓展非常有意义。

将复杂的业务战略转化为简单的概念并不容易，但最终，利益相关者读懂了我们的信息。经验总结：强大的传播是有价值的。

在任何公司，要成为有效的传播人员、有影响力者和战略顾问，传播专家必须对业务有全面和深刻的理解。我们能否与业务部门领导建立战略合作关系取决于对各自业务的深刻理解，以及这些业务对于员工、客户、投资者和社区的意义。

除了强大的传播和学习能力，优秀的传播人员不仅需要了解业务，还要热爱业务。不要惊讶，要知道有些人是热爱保险行业的。

在好事达，我们的共同目标是为人们提供帮助。“我们是专业的，可以提供最好的产品和服务来帮助客户实现梦想，保护他们免受生活不确定性的影响，并为未来做好准备。”因此，我们有着崇高的目标。没错，我们的业务也很吸引人。正如公司前董事长埃德·利迪（Ed Liddy）所说：“保险是自由企业的氧气。”想想看，生活中几乎每件事都离不开保险。它给了我们冒险的自由，也为我们所爱之人提供了保障。作为传播人员，我们必须真正热爱自己所支持的业务，并将这种热爱与业务目标联系起来。

企业传播团队的职责是与高管密切合作，讲述好事达的故事。要在这样一家《财富》100强企业的最高领导层发挥作用，这支团队需要具备商业智慧、经验和热情、专业能力以及全局观。没有哪一种背景或技能比其他的更重要：团队依赖多样化的人才在相互支持的环境中共同努力。

作为战略合作伙伴的传播人员

要成为战略顾问，唯一的办法是亲自参与业务工作，了解其中的原理。但途径不止一种。

我们的团队成员包括公关领域的通才，以及各业务领域的专家。杰西·德文（Jaci Devine）曾是一名教授，他于2015年加入好事达，贡献自己在学术界培养的研究、教学和写作技能，成为一名业务顾问。格雷格·伯恩斯（Greg Burns）在同一年加入公司，他曾是一名资深记者，从入职第一天起将新闻报道和写作经验运用在工作中。团队成员的多种技能帮助我们理解业务目标，同时为实现这些目标调整传播和互动战略。

你要如何培养自己的技能？以下是一些建议：

◎ **了解业务：**与业务部门的人员交谈，提高商业智慧。学习商业和会计等专业的研究生课程，寻找实践机会，包括实习机会，或者在当前职位上承担延展性任务。

◎ **培养有效沟通的基本能力：**成为专职的作家、编辑和演讲者。加入传播领域的专业组织，参加研讨会，拓展人际关系并掌握最新趋势。

◎ **关注新闻：**关注其他公司如何应对正面和负面的新闻。重点阅读商业出版物，从头读到尾。再回头看看本公司的应对方法，找到哪些是有效或无效的。

◎ **充分相信你自己和你的独特才能：**成为业务基础扎实的出色传播人员后，你就能够在公司和社会中产生一定的影响力。不要对自己产生偏见，尽量全面地看待自己的职责和影响力。大胆地表达意见！

职业亮点

斯泰西·夏普，

好事达保险公司企业关系高级副总裁

你在传播领域的第一份工作是什么?

我曾是好事达公司的管理培训生，大学毕业后进入了公司，第一份传播工作是在好事达的理赔部门，负责管理内部传播和高管定位。我学会了如何在变革（包括收购和领导层变动）中支持企业。从这时起，我对企业传播工作产生了热爱。这是了解业务、实现个人和职业飞速发展的一个好办法。

你对工作最美好的印象是什么?

卡特里娜飓风过后，公众对保险行业的看法很消极，而好事达将声誉视为战略资产，决定用一种基于研究的方法来打造和维护声誉。我带领一支小团队从无到有地制订了一项声誉评估计划。如今，声誉管理成为公司的一项战略任务。

你会给出哪些职业建议?

寻找重视传播的组织，并坚持学习。我很幸运，我的同事们都懂得传播的意义，明白有效传播对于实现出色业绩的重要性。我的工作永远有进步空间，因为我有强大的业务伙伴，督促我不断学习和成长。

第十九章

以传播促进社会福祉

安德鲁·所罗门 | 麦克阿瑟基金会

想象一下：你突然接到一个电话，对方说你赢得了62.5万美元，没有任何附加条件。

这个梦可以成为现实：每年有20到25个极具创造力的人会获得麦克阿瑟奖（媒体称之为“天才奖”）。奖金获得者来自各行各业，包括科学家、历史学家、诗人和小说家、艺术家和作曲家，以及关注公共事务的人。许多人并没有从事传统学科。大多数人在接到麦克阿瑟基金会的电话之前，甚至不知道自己在被考虑范围之内。

拨打这些改变他人生活的电话是我工作中非常令人兴奋和激动的内容，让我感受到了慈善事业的变革力量，以及传播在提高慈善事业影响力方面可以发挥的强大作用。

传播对于提高奖金计划的成功率和影响力至关重要，面对奖金获得者和广大公众都是如此。当然，奖金获得者不仅得到了经济上的支持，他们的名声也随之扩大。媒体、本行业以及公众的关注可以给他们带来更多的机会、资金、追求事业的自由以及潜在的合作伙伴。麦克阿瑟基金会开展的一项调查发现，43%的公众了解这个项目。

除了提供奖金，麦克阿瑟基金会也希望激励广大公众追求自己的热情和创造力。奖金获得者的多样性有助于激励公众发掘自己在某些方面的兴趣、经历和身份。事实上，调查发现，10%的受访公众（近1300万人）表示有关奖金获得者的报道能够“激励”他们，让他们“思考自己的工作或如何为社会作贡献”。

基金会的社会功能

奖金数额仅占基金会全部捐款的5%。基金会每年的拨款和影响力投资超过2.7亿美元，用于解决各种紧迫的社会问题，包括全球气候变化、核风险等。麦克阿瑟基金会为总部在芝加哥的、包括美国在内的全球50多个国家的数百个非营利组织提供支持。

在美国，麦克阿瑟基金会、比尔及梅琳达·盖茨基金会和洛克菲勒基金会等私人基金会支持那些需要帮助并且努力解决社会问题的人。这些组织在选择工作地点和方向上有着极大的灵活性。它们独立于所有私企和政府。它们是独特的机构——既非销售产品或服务的企业，也不是专门筹集资金和吸引赞助人的典型的非营利组织。

高管视角

茱莉亚·斯塔奇（Julia Stasch），
麦克阿瑟基金会主席

麦克阿瑟基金会慈善事业的特点，是在人们深刻关注的领域下大赌注，尽最大努力实现变革。我们寻求的不是快速的解决办法或轻松取胜，而是在人才、资源、时间和声誉等方面及时提供资助，从而实现大多数人真正期待的变革。这意味着我们要利用一切手段实现真正而持久的社会变革。在这项工作中，传播是一个强大而关键的工具。

在基金会工作的某些领域，传播是重要的战略内容。例如，我们发起了“100 & Change”竞赛并提供1亿美元的奖金，帮助解决当今时代的一个关键问题。宣传这场竞赛是一项关键工作。通过开展战略传播，我们能够征集相关建议，吸引人们积极报名（有机会获得合作伙伴以及奖金以外的资助），解释评选标准，并激励公众为困难的挑战找到解决办法。

我们与美国和世界各地的数百位接受资助的合作伙伴有着共同的勇气、创造力和影响力。传播人员强化了这些特点，并讲述着我们的故事。

例如，约翰·麦克阿瑟（John D. MacArthur）白手起家，成为美国最富有的人之一。即使在保险和房地产行业赚得盆满钵满，麦克阿瑟仍与妻子凯瑟琳在他们经营的佛罗里达的酒店里过着较为朴素的生活，而且他经常骄傲地表示不清楚自己有多少资产。1978年，麦克阿瑟去世，把将近10亿美元的遗产留给了他创立的基金会。他在基金会的第一届董事会上说：“我赚到了钱，你们负责弄清楚如何支配这些钱。”

“我们为什么需要传播？”

十多年前，我加入麦克阿瑟基金会，负责领导传播团队。第一天有位新同事问我：“我们为什么需要传播？安安静静地拨款不就好了吗?”这个问题合情合理，但仍然令人意外。

基金会需要开展传播有三个基本原因。

第一，我们为基金会资助的组织和个人推广，从而提高他们的声誉，培养外界对他们工作的兴趣，并鼓励其他捐助者提供资金。非营利组织往往认为，像麦克阿瑟这样的知名基金会为自己提供资助是对他们工作的认可，因此会向其他的资助者、政策制定者和潜在的合作伙伴宣传这件事。为了吸引外界对接受资助者及其工作的关注，基金会可以主动接受媒体报道、制作视频、向媒体或政策制定者透露消息，并利用自己的网站和社交媒体平台进行宣传。

第二，我们想要在有助于打造更加公正、绿色、和平的世界的重要问题上教育和引导公众。在此基础上，我们希望鼓励开展更多研究，争取其他资助者的更大支持，并改变有关这些问题的公共政策。麦克阿瑟基金会积极推动媒体报道具有启发性的研究和有效的地方改革，并为非营利组织故事团（StoryCorps）讲述有关故事、为《大西洋月刊》（*The Atlantic*）组织现场活动以及为马歇尔计划[①]深入报道提供资助。

第三，我们将透明度作为组织的一个价值观。麦克阿瑟是一家为公众利益服务的私人机构，因此我们要公开资金的走向和每一笔开支的原因，以及我们学到的经验。此外，公开接受批评可以让我们做得更好。

给非营利机构传播人员的建议

有抱负的年轻传播人士或许以为非营利部门的职业机会很少，这

① 马歇尔计划是美国的一家非营利性质的调查型新闻媒体机构。——译者注

种想法可大错特错了。非营利组织的圈子曾经很小，但如今，美国有140多万个非营利组织，为社会提供了约1440万个就业岗位。传播人士应当在这个不断成长的领域寻找机会。

好处是显而易见的：为履行意义重大的使命承担富有挑战性的工作。诚实地说，这一领域在传播工作上仍然缺乏投资，需要以开拓创新、勇于尝试的态度来克服资源和人手不足的问题。

要想成为一名成功的非营利组织传播人员，你还需要：

◎ **更全面地了解整个世界。**在非营利性行业，各种问题错综复杂。住房和教育问题相互影响。种族和阶级问题严重影响着美国司法系统。你需要花些时间了解可能对工作产生影响的大环境。

◎ **记住政府永远都很重要。**地方、州和联邦各级政府的政策、资金和言论可能会加强或阻碍非营利组织的工作。不要只关注政治，

职业亮点

安德鲁·所罗门，

麦克阿瑟基金会传播业务部总经理

你在传播领域的第一份工作是什么?

大学毕业后，我为马萨诸塞州的一位参议员负责立法和选民沟通工作。由于人手不够用，我被安排撰写新闻稿、时事报道和一些演讲稿。这份责任让我发现自己非常喜欢向广大受众解释复杂的公共政策。一年后，这位参议员竞选连任失败，我很快从美国政治的反复无常中吸取了教训。

你对工作最美好的印象是什么?

在克林顿总统的第二个任期中，我在美国农业部担任新闻秘书和公共事务部主任，经常与担任要职的人一起出访。我们参观了很多农场，乘坐直升机查看自然灾害造成的损失，并参观了在中国销售美国产品的商店。我很荣幸遇到一些出色的政府人士，还有两位杰出人物：吉米·卡特和纳尔逊·曼德拉。

你会给出哪些职业建议?

全身心地投入自己的工作。你不仅仅是熟练的传播专家，还是一个拥有丰富经验、关系、知识和想法的人，所有这些都是从工作中得到的。

还要了解哪些政策可能对组织产生影响。

◎ **寻求合作。**基金会和非营利组织想要解决的社会挑战凸显了资源的不足。与争夺资源的企业不同，这一行业更加重视在共同目标上开展合作。这种合作既是行业实力和影响力的源泉，也是一个学习工具。

利用战略传播来推动社会变革是一项有意义的工作，可以对社区或整个世界产生影响。你不需要接到麦克阿瑟基金会打来的电话，就可以找到属于你自己的事业。

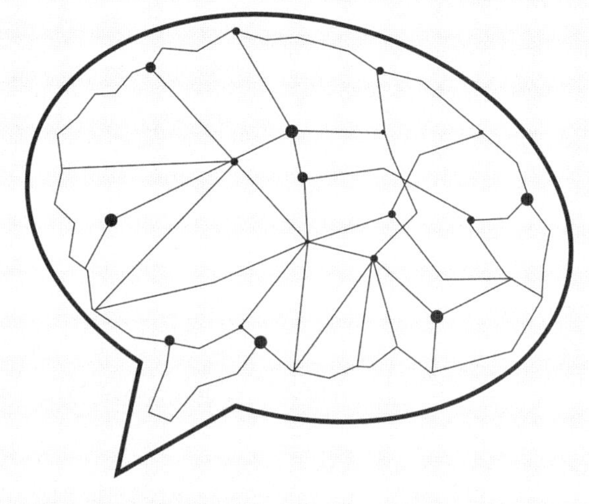

第八部分

传播与企业转型

第二十章

在企业转型期间打造传播影响力

凯利·麦金尼斯 | 李维斯公司

在当今的商业世界，企业往往处于以下三种状态之一：成长、转型或维持现状。说得直白一些，没有人想要维持现状。那么就只剩下了成长和转型。很少有公司能获得高速增长，更多公司都在奋力扭转局面或实现转型。

很多企业实现了成功的转型，成了业界羡慕的对象。想想IBM、苹果、施乐（Xerox）或网飞（Netflix）公司。但实施变革绝非易事。它需要战略思维、高质量的领导力，以及在内部和外部建立强有力的伙伴关系。这意味着改变顾客、客户、投资者甚至企业员工对企业的看法。

因此，作为传播人员，转型可能发生在我们身上，或者我们可以将转型视为企业传播的机遇。传播人员可以成为转型的领导者（不仅仅是行动者），推动变革，加深各方对于推动企业成功的要素的理解。这是我从上一份工作中获得的经验。企业转型带来的好处和机遇正是我加入李维斯公司的主要原因。

我在戴尔公司工作了六年，其中三年担任传播主管。几年前，戴尔公司开始从一家低成本个人电脑制造商转型为端到端技术解决方案供应商。

现在，我在李维斯公司任职。这个品牌与戴尔一样广为人知。每天都有人对我讲述他们与李维斯的故事——每个人都有一个故事。但有些关于李维斯的事你或许不知道。我们的规模比你预期的要小，年营业收入很少超过50亿美元。二十多年来，公司规模几乎没有变化。几年前，董事会任命了一位新的首席执行官，在他的带领下，公司的营业收入和利润持续回升——这是公司二十多年来没有达到过的水平。尽管有一百多年的历史，但我们仍处于转型阶段。

你也可以说，过去十年的大部分时间，我都处在转型的战壕中。我很感激这次挑战，顺利的时候甚至能抓住这个机会迅速成长。作为转型期的业务领导者，我应该做到以下几点：

◎ 我需要培养和磨炼新技能；

◎ 我必须建立新的合作关系；

◎ 我可以自由地开展创新；

◎ 我能够提高自己和部门的战略影响力；

◎ 我可以明确评估自己和部门的影响力。

作为转型领导者，要主动出击而不是被动接受，我们可以做好以下几点：

◎ 组建合适的团队；

◎ 保持一致的口径，坚持立场；

◎ 让利益相关者参与企业决策。

组建合适的团队

在应对转型方面，你必须先关注团队。不能仅仅判断团队成员是

高管视角

伊丽莎白·伍德（Elizabeth Wood），
李维斯首席人力资源官

加入李维斯公司时，我有着丰富的转型经验，曾在多家服装公司的一线就职，其中包括卡尔文·克莱恩公司（Calvin Klein）和布克兄弟公司（Brooks Brothers），这些公司不断为始终在变化的时尚消费者重塑自己。所有公司的高管一致认为，解决问题的关键是人，然而大多数时候他们面对的是错误的受众。

我经常向高管发问：我们需要的是不同的受众，还是更好的领导力？当然，正确的技能必不可少，但最重要的是，你需要用正确的目标来引导团队进入新的未知领域。

有效的变革离不开意志坚定而富有远见的领导者——他们既是盟友，也是合作伙伴。在李维斯，我们在人力资源和传播团队之间建立了紧密的伙伴关系。我们共同建立了一支团队，负责维护企业良知；一方面，有人愿意说出残酷的真相，而另一方面，有人能确保所有声音——不仅仅是最响亮的声音——都能被听到。

我们发现，在李维斯，最有效的变革推动者并不是高管，而是有着共同愿景和目标的志同道合的人力资源和传播团队。总之，他们已经成为一股强大的力量，并为公司带来了巨大的价值。

否优秀，还要确保他们是这项工作的合适人选。

转型传播不适合新人。这项工作需要经验、信念和冒险精神。因此，团队成员必须是对组织有信心、在组织中有信誉、渴望发挥影响力的人。

在变革的战壕中，我更加看重具有哪些关键素质的领导者呢？

第一类是实干家。转型是一项杂乱的工作，各种复杂性交错在一起。但作为传播人员，我们必须能够理清工作，还要有行动力。你如果不是实干家，就永远无法取得进展。

第二类是镇定且有韧性者。这类领导者对工作充满激情，但不会将问题归咎于个人。在转型期间，工作将充满不确定性，我们要做的是脚踏实地、保持专注、缓步前行——关注最终的业务目标，维护企业良知，坚持为员工和客户服务。无论发生什么，坚决不动摇。

第三类是乐观主义者。当然，在这个过程中，有些方法可能不奏效，或者有重蹈覆辙的时候，但作为领导者，我们需要的员工是愿意并且能够提出艰难的问题、同时坚信好的结果终将实现的人。

第四类是勇往直前者。我们必须愿意首当其冲且直言不讳。在充满不确定性而且信息不完善的时期，有自己的想法非常重要。而且，由于传播人员的职责是理清工作，我们必须率先作出努力。

保持一致的口径，坚持立场

转型传播的关键是始终坚持“大局”，牢记长期的业务目标。传播团队必须保持一致的口径，并在此基础上确保行动一致。

做好这一点的前提不是反复演练。它必须基于对业务和企业运营方式的真正理解。我收到过一条很棒的建议：相信你的第一直觉。我在回顾过去经历的重大挑战时发现，第一次提出的想法往往贯彻于接下来的几个月甚至几年。

传递外部视角

因此，转型中的大部分工作都聚焦于企业内部。我们需要花费一些时间和精力建立一些组织，寻找在哪里节约成本，协调预算，还有无数其他重点工作。但传播工作的独特和强大之处在于，我们与外部世界建立了联系，因此受到重视。

我们负责与最重要的利益相关者（包括媒体、客户、分析师等）建立联系，并影响他们的看法。同样，我们也经常担任公司内部的发起人，将员工召集在一起，确保每个角落都传递出一致的信息，让外界能读懂我们的战略和规划。因此，我们是公司的眼睛和耳朵。

我们必须听取不同利益相关者的意见和建议。在了解业务的基础上作出的决策才可信，各方的意见为传播人员公开发表观点提供了完美的起点。要成为一名转型领导者，你必须影响人们的想法，而掌握利益相关者的意见会给你这样做的信心。

要点

无论你正在经历转型，还是预见它即将到来，都需要花一些时间帮助组织做好准备。这将是一个艰难且耗时的挑战，但也可以是一个机遇：

◎ 振奋团队；

◎ 保持核心口径一致；

◎ 不再坐等转型，开始发挥敏捷的领导力；

◎ 从外部和内部获得数据；

◎ 尝试新事物、创新和采取不同行动。

这些机遇将带来极大的回报和满足感。你将接受非常真实且有意义的商业课程，提高自己的商业智慧以及与业务部门领导沟通合作的能力，并为企业作出有意义的贡献。你会变得更有影响力。如果在变革期间，你能够站出来，制订并执行“以公司为本”的战略传播计划，就会增强传播团队影响企业内部决策的能力。最后，你还将建立一些持久而重要的工作关系。这是必然的结果。与你处在同一战壕里的人（无论是积极的投资者还是企业高管）未来将成为可靠的朋友和顾问。

职业亮点

凯利·麦金尼斯，

李维斯公司首席传播官

你在传播领域的第一份工作是什么？

我在西雅图金郡一个民间委员会实习，负责劳动协议谈判。我经常想起我的上司帕特·斯蒂尔（Pat Steel），她有一双锐利的蓝眼睛，身高1.65米。三十多年来，她一直帮助当地居民解决问题，为一些不可能完成的任务而奔波。她的决心——以及特立独行的风格——为初入职场的我设定了很高的期望：女强人能解决一切问题。

你对工作最美好的印象是什么？

我最美好的记忆是与我一起在这个行业中成长的人。如今很多优秀的传播人员在大公司担任传播部门领导，但也有人跟我一起花了无数时间做着基础工作。

你会给出哪些职业建议?

永远不要因为恐惧而作出职业决定。每当我出于恐惧(担心会失去当前的信誉,或者不够灵活)而做决定的时候,都会因为犹豫不决而错失机会。而当我勇敢地接受令自己畏惧的机会后,我的职业生涯便发生了新的变化。

第二十一章

凸显积极因素：传播人员的催化作用

乔恩·哈里斯 | 康尼格拉食品公司

我们从小就能感受到积极传播的力量。如果在棒球比赛中，你的哥哥没有击中球导致对方获胜，你可以对他说“没关系”，这比指出他由于防守失误而输掉了比赛更有意义。如果你是发自内心的，效果会更好。也许你下次找他要糖果时，他会高兴地与你分享。

对企业来说，真诚而积极的传播，加上一致的行动，将产生同样强大的影响。作为康尼格拉食品公司的首席传播官，我与首席执行官肖恩·康诺利（Sean Connolly）和其他高管团队成员密切合作。我的任务是以传播为催化剂，推动企业和文化的转型。只有组织内每个人都充满热情地全心投入，以及股东、客户、有影响力者和媒体站在同一条战线上，我们才能实现大规模转型。

即使要传达的信息令人难以接受，我也会出于天性和本能强调积极的一面。

建立牢固的人际关系

在加入康尼格拉食品公司之前，我曾在美国莎莉集团（Sara

Lee）工作多年，在那里了解到积极传播的力量。应已故的首席执行官布伦达·巴恩斯（Brenda Barnes）的邀请，我加入了莎莉集团。她是一位传奇高管，也是一位备受尊敬的领导者。我在美国百事公司就职时曾与布伦达共事，当时她任该公司的总裁兼首席执行官，她的管理宣言是："保持坚强、保持公平，永远与人为善。"这正是她本人的写照。

在公司之外，布伦达也是一位有开拓精神的管理者。1997年，她辞去百事公司的职务，回家照顾年幼的孩子，这一决定成了头条新闻。在这期间我与布伦达的合作——我从积极的角度描述她回归家庭的决定，并通过全球媒体进行报道——使我们建立了密切的关系。她离开公司后，我们继续保持着联系。对我来说，她既是良师，也是益友。

七年后（2004年），布伦达告诉我，她将重新回到职场，担任莎莉集团首席执行官。她邀请我负责北美地区的传播工作，为此我感到很荣幸。她表示非常看重我的积极态度和对工作的热爱。作为高管团队的成员，我们共同努力，极大地提高了莎莉集团的声誉和形象，不知不觉地为一场重大转型做好了准备。

在艰难时期保持积极的态度

2010年5月，在连续几年帮助集团实现盈利之后，布伦达迎来了事业的巅峰时期，但不幸的是，她中风了。这对于布伦达本人、她的家人、她的朋友和同事以及整个公司来说都是一个重创。布伦达绝非徒有其名；她是公司的核心和灵魂。有关高管的负面消息可以迅速导致公司股票大跌。

传播人员以公开透明为傲。然而，这次的情形为我们提出了挑战——在保护个人隐私和披露股东和华尔街期待的信息之间取得平衡。

在与董事会成员和几位高管进行了数小时会谈后，我们对外宣布布伦达将暂时休假，从而争取一些时间，认真研究、制订战略并宣布高管任免计划。我们给股东提供了他们想要的信息，同时保护了布伦达的隐私和尊严，还增强了股东对集团领导层交接的信心。

我们没有披露布伦达的具体病情，继续在公开信息和保护隐私之间取得平衡，直到她在2010年8月选择离任，专心疗养。后来，我和布伦达一起参加了《财富》杂志举办的“最具影响力女性峰会”，期间她介绍了积极的心态对于康复起到的作用。

公司改革时期的传播工作

布伦达离任后，我们的第一个战略举措是将莎莉集团拆分为两个独立的专业公司：一家咖啡公司Douwe Egberts和一家销售香肠、热狗等肉类食品的公司Hillshire Brands。肖恩·康诺利加入了后者，担任首席执行官。

高管视角

肖恩·康诺利，

康尼格拉食品公司总裁、首席执行官

乔恩在我就任首席执行官四个月后加入了康尼格拉公司。我们正处于大规模转型的初期阶段。传播部门面临的挑战是在持续开展大规模迅速变革的同时，支持公司员工参与转型工作。这需要他们具备必要的技巧、勇气、积极的心态和决心。在传播部门的领导下，公司的高管们在一年的转型工作中积累了这些品质。

在长达一年的转型过程中，公司内部传播团队发扬了乐观肯干的精神，将许多怀疑论者转变为追随者。康尼格拉的新传播手段具有高度的专业性和一致性，使企业文化发生了巨大转变；现在，员工对于我们应对困境的能力表示赞赏，并对公司的未来前景感到兴奋。

乔恩是公司高管团队中一名关键的成员。他和他的团队打造了传播职能，提高了对业务战略的深入理解以及与各级人员沟通的能力。从激励公司员工，到讲述品牌故事，再到实现康尼格拉作为企业公民的价值观，传播在实现高管目标方面起着不可或缺的作用。

在持续多年的转型过程中，公司发生了很多变化。削减成本的举措、裁员和业务的重大调整影响了数千名员工的生活。然而，这些员工是成功实现转型的关键。他们的奉献和创新精神提高了公司的日常生产力，推动公司不断取得成果。员工必须保持投入和热情。我的工作是确保所有团队成员充分符合公司新的使命、愿景和价值观，并了解每个人在公司发挥的作用。作为一名领导者，我需要在这个大规模转型的时代为公司注入积极的能量。

公开传播可以创造积极的成果

在肉类食品公司Hillshire Brands的大规模重组期间，我和团队制订并带头实施了内部传播计划，其中公开且积极的传播是一项关键内容。我们重点制订了一项关于持续员工传播的战略计划，主要内容包括：召开员工大会、在员工与首席执行官和其他高管之间安排交流活动、肖恩·康诺利每周发布视频、定期通过电子邮件汇报进展、每月向总监及以上级别的高管发布关键信息等。在所有传播活动中，我们鼓励员工提问并说出自己的想法，效果不错。肖恩和其他公司领导以真诚的态度解答了员工的问题。

在整个过程中，我们多次对员工进行调查，确保他们及时收到必要的信息。在透明度、公开性、诚实性和传播效率方面，我们获得了很高的分数。生产力、参与度和创新能力等项目始终保持高分。

我们通过与员工进行公开对话，清楚地阐述他们对于公司取得成功的基础作用，吸引员工加入转型工作。高管和员工之间积极直接的沟通对公司成功取得商业成果起到了催化作用：2014年，我们将公司出售给泰森食品公司。泰森食品公司向股东提供了比竞争对手皮尔格里姆（Pilgrim’s）公司高出近10亿美元的出价，因此赢得了竞标。

回顾过去二十多年的职业生涯，我可以用一句简单的话概括这些年的经验：要通过真诚的沟通和切实的行动来强调积极的一面。

职业亮点

乔恩·哈里斯，

康尼格拉食品公司首席传播官

你在传播领域的第一份工作是什么？

我还在罗格斯大学就读时，有幸在《霍华德·斯特恩秀》（*Howard Stern Show*）节目的制作方——纽约WXRK电台实习。在那里，我了解到与传播人员建立关系的意义；二十多年后，我仍然与那里的许多同事保持联系。

你对工作最美好的印象是什么?

我有很多美好的印象，我见到过美国总统、非常优秀的首席执行官以及知名运动员等；很难说哪次经历是最美好的。我喜欢与他人分享经验教训，帮助他们实现个人和职业成长。

你会给出哪些职业建议?

你就是你的品牌！你的一言一行都会成为你个人声誉的一部分，这些需要时间来打造，但可能会在一瞬间消失殆尽。注意你的言行，善待每一个人。就这么简单。

第二十二章

强大的领导者所期待的传播领导力

尼克·提森 | 思爱普公司

在美国加利福尼亚州北部3月阳光明媚的一天，软件巨头思爱普公司的首席执行官比尔·麦克德莫特（Bill McDermott）走进了一个不起眼的会议室，参加了一场后来备受关注的会议。

麦克德莫特在很多方面都是理想的首席执行官。他精力充沛，极具魅力，从一个卖三明治的小企业主一路打拼，成为有史以来第一个领导思爱普这家在欧洲有重要价值、在190个国家和地区拥有8.4万名员工的技术公司的美国人。

那天早上，30家全球大型公司的首席信息官在会议室等他。他们都是思爱普的大客户代表。会议正常开始：所有与会人员进行自我介绍，然后主持人请麦克德莫特发表简短的开场白。

接下来的走向就有趣了。

开场白结束后，各位首席信息官谨慎地向麦克德莫特透露一些想法。他们表示，思爱普是一个有价值的业务合作伙伴，但也存在重大挑战。如果双方无法共同应对这些挑战，那么思爱普在支持这些全球大型企业方面的强大实力就会面临风险。

一位首席信息官说道："比尔，这个会议室里的每个人都希望思爱普取得成功。所以我们希望你能开诚布公地回应我们的期望。"

值得赞赏的是，麦克德莫特泰然自若地应对这突如其来的要求，承诺将更加关注各方的关切，并采取紧急行动解决这些问题。

在接下来的几周里，这次会议对思爱普产生了重大影响。公司每一个业务部门都制订了行动项目和计划，努力实现首席执行官的承诺。

高管视角

比尔·麦克德莫特，
思爱普公司首席执行官

我始终认为，任何值得传播的东西几乎都没有得到充分的传播。因此，正如尼克所说，公司传播团队在我作为首席执行官每天从事的所有工作中都陪伴在我左右。

对于每一位有抱负的传播领导者，我要提醒你们，信任是人类的终极资产。为了赢得上司的信任，你要向他们证明你掌握了基础业务知识。从"内部局外人"的角度给他们坦诚的建议。

如果你能帮助他们取得成果，他们便会邀请你进入核心管理层，而且永远不想让你离开。

全面的传播领导力

可能你还没有发现，智慧、全面的传播领导力是这里的核心主题。我们来具体剖析一下。

受众是谁？每个企业都有客户。这些人往往是传播团队排在第一位的受众。别忘了区分轻重缓急！如果你想讨好所有人，那么最终谁都得不到。让首席执行官直面客户是传播主导的一项举措。向高管提供第一手反馈有助于他们更好地发挥领导作用，也有助于塑造能够保留和拓展客户的关键信息。

关键信息是什么？发挥传播领导力相当于训练一支球队：每个人都是专家，都认为自己的方法更有效。在思爱普的案例中，很显然，首席执行官决定发布一条全面的信息，指导内部行动。"行动共情力"成为战斗口号。加入传播团队，夯实信息内容，明确各个要点，并协调公司内部的相关部门开展一致行动。应制订强有力的、实质性的全面计划，让公司高管和发言人站在同一个立场上。为此，传播团队需要与面向产品和客户的团队保持一致，第一时间掌握最新的内容。传播领导力的要义是填补空缺和扩大首席执行官的管理权。

如何颠覆拥挤的信息环境？面对各种来源的大量信息，企业内部和外部受众不胜其扰。在这种情况下，传播领导力的核心在于制定关键业务信息，帮助受众更快消化。你需要结合多种战术，包括新制定的和经过实践检验的战术。迅速将领导者推到台前——让首席执行官发表主旨演讲，定下基调。确保发言代表与你的口径保持一致，并对他们进行严格训练，从而有效传递信息。要有创意——视频、图表和社交媒体的信息如何既能改变现状，又可以保持简单明了？

如何使用信息来改变文化环境？人们很容易用品牌认知度、美誉度等标准来评估传播效果。事实上，传播是经营、发展和变革企业及其文化的基础。思爱普的首席执行官迅速明白了这场会议可能成为整个公司新的关注焦点。于是他向传播部门负责人求助，因为他知道，没有任何其他团队能更好地帮助他将这一时刻转化为变革使命。他希望与消息灵通的利益相关者（包括客户和行业分析师）有更多开诚布公的交谈，而不仅仅是一次性的会面。他希望同事们有更大的权力，按照员工的反馈创造更多改进的机会。从各方的期望来看，传播部门有责任率先实现这些结果。

你如何保持动力？从第一次会面开始，思爱普公司就表现出了行动的共情力。根据最新的“共情力指数”排名，公司排在前十位。行业分析人士公开表示对思爱普公司提出的“行动共情力”的认可。员工更渴望承认和面对挑战。在后续的首席信息官会议上，各方达成了强烈共识，一致认为思爱普公司作出了积极的回应。在这种情况下，虽然成功是一场没有终点的比赛，但进步是显而易见的。

商业智慧：打开高管办公室的钥匙

如今，企业高管对有效传播的期望比以往任何时候都高——股东注重透明度、客户关注共情力、同事期待明确的信息。但这还不够！如果首席执行官要成为有效的传播人员，那么传播人员就要成为企业战略家。这种互动是双向的。

了解这一事实是帮助企业主管和所有同事获得一种真正有吸引力和有效方法的第一步。它可以为日常工作创造价值，尤其是面对难以预料的情况。要掌握更多信息，保持诚信，并加快速度。

传播人员如何转变为企业战略家？这不是高深的科学。在日常生活中作出一些改变。例如，不要只阅读别人剪贴好的新闻，要拓展商业新闻的阅读面；如果对公司资产负债表的某个数字有疑问，要打电话给财务或投资者关系部的同事，请他们花时间来指导你。另外，要一字不落地阅读企业年度报告。只有这样，你才不会局限于同事发来的个别语音信息或博客文章。如果你嫌这样做太麻烦，其他高管一定会看出你缺乏深度理解。如果你能够专心获取更多企业信息，你便向董事会迈出了重要的一步。

成功与高管建立信任的秘诀是什么？大多数企业领导的一个优点是，他们能够早早地感知到不确定性。你如果没有做好准备，就不会成功。此外，请记住，参与对话的关键是提出有价值的观点。传播人员“掌控着”受众——他们是企业的一项资产，我们必须比其他任何人都更了解他们。因此，从“内部局外人”的视角提出你的意见，并带着新的信息自信地向前走。以建设性的方式分享信息，让领导者相信你将为他们打开新的大门。

这一点，再加上你对业务的深刻理解，便是打开高管办公室的钥匙。

职业亮点

尼克·提森，

思爱普营销与传播执行副总裁

你在传播领域的第一份工作是什么？

我曾为家乡的市长候选人约翰·盖林（John Guerin）担任传播主管。在社交媒体出现之前，我们通过当地报纸发布竞选活动信息。我们每天只有一次机会传达正确的信息，否则一整天都会在杂货店和咖啡馆听见人们抱怨。我仍然记得专访记者的名字——杰森·格罗斯基（Jason Grosky）。他对约翰的竞选结果有着重要影响。约翰最终取得了巨大胜利。据不愿意透露姓名的内部人士称，他的成功得益于我们的传播战略。

你对工作最美好的印象是什么？

在与美国卫生与公众服务部部长托米·汤普森（Tommy Thompson）一起出差的路上，他让我帮忙找个地方观看周一晚上绿湾包装工队（橄榄球队）的比赛（他曾连续14年担任威斯康星州州长）。每个酒吧都挤满了观看棒球比赛的球迷。汤普森部长说："你是一名传播人员——弄清楚该说什么，想办法让他们切换频道！"

你会给出哪些职业建议？

不要忽视任何对团队来说有意义的任务。当我还是马萨诸塞州政府的一名年轻实习生时，我参加了一场面试，想为有影响力的检察官克里斯·萨普（Chris Supple）工作。克里斯打电话给我以前的主管询问情况，主管说："看到草坪上的旗杆了吗？只要你发话，那孩子就会爬到最顶上去打扫。"这种方法至今仍然非常有效。

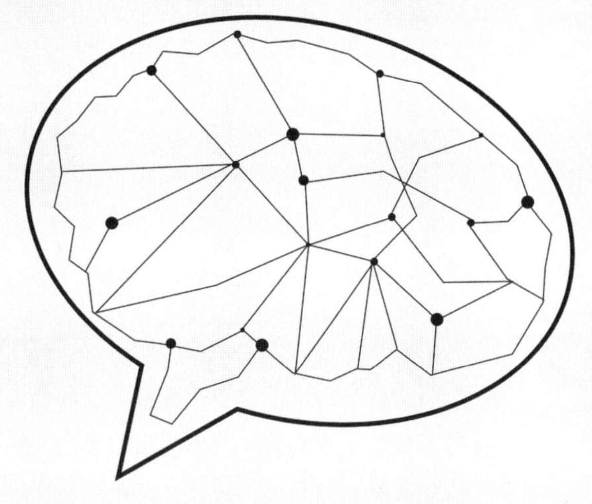

第九部分

商业大师给你的建议

第二十三章

各位“商业大师”教会我们的道理

马修·拉加斯、罗恩·卡尔普 ｜ 德保罗大学

当所有司机靠正确的一边行驶时，双向车道才能发挥最好的效果。

传播人员、企业高管和业务部门领导之间的关系也是如此。过去十年来，传播人员在向商界人士（从企业高管到刚毕业的工商管理硕士）传授有效战略传播和向传播领域投资的价值方面取得了极大成功。

但这是一条双向车道。

如果企业的业务部门要赋予传播人员更大的领导职责，传播人员就必须更加精通“商业的奥秘”。

软件巨头思爱普公司的营销与传播执行副总裁尼克·提森在文中描述了企业高管和传播人员在技能和能力方面的双向关系：“如果首席执行官要成为有效的传播人员，那么传播人员就要成为企业战略家。这种互动是双向的。”

米勒康胜啤酒公司的彼得·马里诺在文中引用了史蒂芬·柯维的一句名言，很好地说明了商业智慧为何有助于组织、利益相关者和社会充分挖掘战略传播的潜力和价值：“先争取理解，然后争取被理解。”

传播人员无论扮演发起人、整合人员、翻译、品牌故事讲述者还是声誉管理者的角色，都必须先充分了解挑战、问题或机遇。如果他们没有掌握这些重要的背景信息，无论内部同事还是外部利益相关者都难以产生共鸣。

本章作为最后一章，将从20多位首席传播官及其高管同事提供的专业意见中提炼一些要点。首先，本章探讨两种观点：传播职能在勇敢建言和维护企业良知方面的作用，以及它对员工参与和企业文化的高度关注。其次，本章总结了首席传播官希望其团队成员具备的特长和能力，以及他们对年轻员工在传播领域寻求职业发展的建议。接下来，本章简要回顾了首席传播官关于“学习商业语言”的有效建议。最后，编辑人员对战略传播行业的未来进行了思考。

勇敢建言与企业良知

首席传播官及其高管同事在各自的章节中强调了传播职能为包括首席执行官在内的最高领导层“勇敢建言”方面的核心作用——部分原因在于他们在企业内部和外部拥有广阔的视野。一些人明确地将传播人员称为“企业良知”。这种观点呼应了当前的一些学术和应用研究。

例如，艾睿电子公司的理查德·吉尔伯格指出，传播专业人员最重要的特征包括“有勇气说出真相”以及“向当权者说出真相”。同样，李维斯公司的伊丽莎白·伍德认为，传播人员应该维护“企业良知；说出残酷的真相；能确保所有声音——不仅仅是最响亮的声音——都能被听到”。最后，沃达丰集团的塞皮尔·蒂穆雷认为，“在与外部利益相关者公开且坦诚地沟通的同时在内部不断挑战自己——提一些困难的问题，向所有业务部门施压，确保他们给出最可信的答案”时，传播职能才可以发挥最大效力。

为什么在一些组织中，传播职能不仅要勇敢建言，还负责维护企业良知呢？在某种程度上，这些传播团队由受高管信任和尊重的人领导，这些高管认可并重视塞皮尔·蒂穆雷所提出的“双重职能”。蒂穆雷指出，传播专业人员帮助向受众展示公司，同时请受众走进公司，从而确保高管和企业领导充分了解利益相关者的情绪和意见。

思爱普首席执行官比尔·麦克德莫特进一步解释道：“为了赢得领导的信任，你要向他们证明你掌握基础业务知识。从‘内部局外人’的角度，给他们坦诚的建议。”多名高管表示，他们更愿意征求和遵循在对业务深刻理解的基础上，对利益相关者充分了解的传播人士的建议。例如，好事达保险公司首席财务官史蒂夫·谢比克指出：“正如商业领袖需要成为卓越的传播者，传播人员也需要具备非凡的商业智慧。我们要共同努力为利益相关者作出正确的战略决策，因此必须深入了解目前的任务。”

人力资本、员工参与和企业文化

除了勇敢建言和维护企业良知，首席传播官还强调，人力资本和企业文化是关键的竞争优势。有效的外部传播固然重要，但卓越的内部传播已经成为公司的首要与核心议题。本书关于人力资源部门和企业转型关系的几个章节重点探讨了员工参与和内部利益相关者。但是在关注传播职能与投资者关系（卡罗尔·卡斯托）、营销（B. J. 塔利）、战略与创新（琳达·卢瑟福）和法务（马克·贝恩）等部门合作的章节中，几位作者也指出，各种合作关系有望提高员工参与度，并加深对业务的理解。

例如，美国西南航空公司的琳达·卢瑟福在文中提到了“传播宏大的目标”这项新的企业战略。卢瑟福和她的团队面临的挑战是让公司员工体会到这一新战略的“真实性”。这需要她的团队具有高度的商业智慧，将多年的战略路线图分解为与公司数千名员工相关的五大主题。

卢瑟福指出：“重点不只是写出一篇清晰流畅的通告，而是深入了解公司业务，知道它如何盈利，然后将这些内容传达给员工，让他们获得激励并愿意参与。理解是参与的前提。”

科里·杜布罗瓦在文中提出了类似的观点，标题就很恰当：“了解业务，先要了解员工”。杜布罗瓦称赞星巴克“以人为本”的理念有助于“建立和维护企业文化，这正是星巴克成功的基础”。杜布罗瓦指出，星巴克公司致力于“透过伙伴的视角”针对企业战略和如何最好地拓展业务作出决策，在公司看来，员工就是伙伴。他表示：“我们知道，伙伴是我们最重要的资产：是品牌的门面，每天与世界各地数千家门店的上百万客户打交道。”

阿瑟·佩奇协会是高级公关人员和企业传播领导者的专业协会，提出了“佩奇法则”，其中一项是“企业的真实特征会通过员工体现出来”，后面的内容是“人们对一家企业最突出的印象（无论好坏）是由逐渐多样化的员工团队的言行决定的”。尽管本书谈到了从客户到投资者的所有利益相关者群体，但毋庸置疑，为本书撰稿的各位首席传播官一致认可这一法则，并将高度的员工参与和优秀的企业文化视为推动持续取得业务成果的关键因素。

首席传播官喜欢哪种团队成员

各位首席传播官希望团队成员具备各种不同的知识、技能和能力，但也存在一些共同点。这些高管希望员工熟练掌握传播技能（如写作、编辑、演讲等相关技能），同时具备战略思维、主动解决问题的态度、在快速变化的领域中不断学习的能力、高度的诚信还有积极分享信息和观点的态度。好事达保险公司的斯泰西·夏普呼吁传播人员“充分相信你自己和你的独特才能”并“大胆地表达意见”！米勒康胜啤酒公司的彼得·马里诺指出：“不要担心为了更好的结果而与同事争论。永远不要羞怯!”

首席传播官大多建议专业人士提高自己的商业智慧，从而更有效地与其他部门、职能和利益相关者合作，共同为组织制定和实现业务目标和战略。正如通用汽车公司的乔·杰克西和托尼·塞尔沃纳所说：“现代传播部门以及传播人员必须成为战略合作伙伴，帮助客户或公司实现其业务目标。”

虽然硬实力很重要，但各位首席传播官在自己的文章中反复强调，希望自己的团队成员具备某些软技能和性格特征，包括对工作充满热情，乐观面对挑战，并具有积极的心态等。例如，在李维斯任职的凯利·麦金尼斯承认“有些方法可能不奏效，或者有重蹈覆辙的时候”，但“我们需要的员工是愿意并且能够提出艰难的问题、同时坚信好的结果终将实现的人”。

简言之，这些首席传播官不仅关注专业人员的技术能力，还看重他们的态度、举止和社交能力。例如，安斯泰来制药公司的杰弗里·温顿表示，在农场的成长经历让他明白，“谦逊、感恩、勤奋和毅力都是在商业环境中的重要素质，尤其是在高管面前”。他建议传播人员“保持自律”。温顿表示，他在整个职业生涯中始终坚持“与积极、诚恳、谦逊、真实且有趣的人为伍”。

成为领导者之路

了解一下为本书撰稿的各位首席传播官的背景，我们可以发现，成为传播领导者的路径不是唯一的。多位高管建议有抱负的年轻员工享受当下的旅程，并开辟新的道路。各位首席传播官有着不同的背景和经验。本书各位作者的第一份传播工作涉及广播（克拉克森·海恩、乔恩·哈里斯）和新闻（马特·皮考克、琳达·卢瑟福）、政治（查克·格林纳、克拉克森·海恩、马特·皮考克、安德鲁·所罗门）、政府机构（卡罗尔·卡斯托、凯利·麦金尼斯）、体育（加里·谢弗）和医疗卫生（凯瑟琳·贝瑟）等各个领域。安妮·图卢兹最初是佛罗里达州帕特里克空军基地的作家兼编辑。其他作家从政府机构（马克·贝恩、科里·杜布罗瓦、B. J. 塔利、杰弗里·温顿）或企业（托尼·塞尔沃纳、斯泰西·夏普）开始做起。几位高管创立了自己的公司，包括彼得·马里诺（创立了一家传播咨询公司Dig）和理查德·吉尔伯格（创立了一家广播电台）。

一些首席传播官建议传播人员多关注持续学习和接受新的职业体验。例如，凯瑟琳·贝瑟曾担任爱德曼公关公司、希尔顿酒店集团和发现金融服务公司的高级传播主管，她建议：“先努力学习——可能会走一些弯路——然后追求进步。每一次经历都会让你成为更加强大和专业的人。如果我一直沿着一条路走，可能永远不会享受到工作的乐趣。”

一些首席传播官建议传播人员不断挑战自己，承担新的职责，从而获得经验和技能。李维斯公司的凯利·麦金尼斯表示：“当我勇敢地接受令自己畏惧的机会后，我的职业生涯便发生了新的变化。”通用汽车公司的托尼·塞尔沃纳表达了类似的观点，他建议传播人员“始终保持好奇心，每天坚持学习”，他还指出，“学习不止与正式的课堂、教科书和考试有关。它必须成为一种生活方式。”艾睿电子的理查德·吉尔伯格建议传播人员“不断追求进步”。

有几位作者还强调了传播人员的个人声誉对职业发展，以及“掌控”职业道路的重要性。康尼格拉食品公司的乔恩·哈里斯简明扼要地指出：“你就是你的品牌！”他继续说道：“你的一言一行都会成为你个人声誉的一部分，这些需要时间来打造，但可能会在一瞬间消失殆尽。注意你的言行，善待每一个人。”曾长期担任通用电气首席传播官的加里·谢弗建议传播人员“掌控自己的职业道路”，思考自己的优缺点，然后“寻求必要的培训机会、建议和经验”。他建议传播人员“主动要求承担能锻炼自己的任务”。贝克·麦坚时国际律师事务所前首席传播官马克·贝恩与哈里斯和谢弗有着相似的观点：“这是你的职业生涯——掌控它！”

关于“学习商业语言”的有效建议

本书作者在各章节中提供了大量有效的建议和意见，可以帮助人们在职业生涯各个阶段提高商业智慧。此外，各位首席传播官还坦率地指出，成功并非一日之功，精通金融、会计、管理和营销等商业学科需要付出时间和精力。米勒康胜啤酒公司的彼得·马里诺在文中写道，他读工商管理硕士课程的前几周“仿佛在另一个国家学习一门外语”。

多位作者建议专业人士大量阅读商业和行业新闻，学习商业和特定行业的语言。美国西南航空公司的琳达·卢瑟福在文中为年轻的传播人员提供了丰富自己的商业知识的一些建议：

◎ 阅读公司的季度收益报告和财务报表；

◎ 在业务部门找到年轻的传播人员进行私下交流；

◎ 找一位业内专家提供指导，帮助你深入了解行业中的复杂问题；

◎ 参加商业课程或阅读相关图书，掌握商业术语以及行业机遇、挑战和趋势。

卢瑟福的建议与宾三得利公司的克拉克森·海恩的观点如出一辙。在介绍专业人员如何深入了解华尔街和注重财务结果的利益相关者的思维和工作方式上，克拉克森也提出了一系列建议：

◎ 回顾你的（上市）公司、其他同行和竞争对手在投资者大会上的发言；

◎ 阅读本（上市）公司或行业的投资分析师关于相关上市公司的报告；

◎ 如果有机会，你也可以阅读公司内部的战略规划报告和竞争分析报告；

◎ 最后，收看商业新闻，听取各方的意见，包括首席执行官、分析师、基金经理和商业记者，并迅速掌握华尔街的语言。

另外，各个水平的传播人员都可以在企业内部建立和维护牢固的关系、在外部建立强大的专业网络，向导师、顾问和行业专家获取有关商业和职业发展的宝贵建议。

康明斯公司的卡罗尔·卡斯托在文中强调了人际关系的重要意义：

同行将成为你的职业生涯中最重要的盟友。一定要与大学同学、同事以及任何对该领域感兴趣的人保持联系。这些人会为你提供知识、解答问题、介绍行业趋势，你在职业生涯的任何阶段都可以依赖他们。

展望未来

战略传播行业和相关传播领域的前景是光明的。利益相关者要求企业加强透明度和问责制；企业越来越需要赢得并保持所有利益相关者的信任；高管往往重视企业的声誉和其他无形资产。预计未来几年，战略传播和相关专业（如营销）的增长速度将追平甚至超过美国总体经济的增长速度。

但传播职位的持续增加并不一定意味着该行业在公司内部影响力的增长（Neill，2015），也不一定会影响公司的目标和品格。公司董事会、高管和投资者都希望公司提高效率，包括更好地整合各个部门与职能。在未来几年，包括首席传播官在内的更具战略意义的传播和公关团队可能会成为营销部门的一部分，除非他们证明自己的价值不止于此。在企业转型时期，传播领导者必须要成为高管和其他管理人员的可靠顾问，并保持这一地位。

无论是在人力资源、技术、法务、会计还是传播领域，寻求领导职位的人掌握具体业务本领是理所应当的，但如果还具备高水平的商业智慧将使他们脱颖而出。未来几年，企业在人才培养计划中会更加注重商业和传播技能的结合，会为整个行业带来巨大的回报。正如马修和罗恩在前言中所说，为了最大限度地发挥传播职能未来在企业内部和外部的影响：战略传播者必须是具有传播领域专业知识的商业人士。

对于那些了解规则的人来说，这条双向车道从未如此顺畅。

参考文献

第一章

1. APCO Worldwide (2016, November). Chief corporate communicator survey. Chicago, IL: APCO Worldwide.
2. Arthur W. Page Society. (2007). The authentic enterprise: An Arthur W. Page Society report. New York, NY: Arthur W. Page Society.
3. Arthur W. Page Society. (2013a). Corporate character: How leading companies are defining, activating and aligning values. New York, NY: Arthur W. Page Society.
4. Arthur W. Page Society. (2013b). The CEO view: The impact of communications on corporate character in a 24 × 7 digital world. New York, NY: Arthur W. Page Society.
5. Arthur W. Page Society. (2016). The new CCO: Transforming enterprises in a changing world. New York, NY: Arthur W. Page Society.
6. Arthur W. Page Society. (2017a). The CEO view: Communications at the center of the enterprise. Retrieved from http://bit.ly/2q4t2UI. Accessed on May 4, 2017.
7. Arthur W. Page Society. (2017b). The Page principles. AWPageSociety.com. Retrieved from http://www.awpagesociety.com/site/the-page-principles. Accessed on May 1, 2017.
8. Berger, B. K., & Meng, J. (Eds.). (2014). Public relations leaders as

sensemakers: A global study of leadership in public relations and communication management. New York, NY: Routledge.

9. Bowen, S. A. (2008). A state of neglect: Public relations as "corporate conscience" or ethics counsel. Journal of Public Relations Research, 20(3), 271-296.
10. Bowen, S. A. (2009). What communication professionals tell us regarding dominant coalition access and gaining membership. Journal of Applied Communication Research, 37(4), 418-443. doi: 1080/00909880903233184.
11. Charan, R. (2001). What the CEO wants you to know: Using business acumen to understand how your company really works. New York, NY: Crown Business.
12. Claussen, D. (2008). On the business and economics education of public relation students. Journalism & Mass Communication Educator, 63(3), 191-194.
13. Commission on Public Relations Education. (2012, October). Standards for a master's degree in public relations: Educating for complexity. New York, NY: The Commission on Public Relations Education.
14. Commission on Public Relations Education. (2015, May). Summary report: Commission on Public Relations Education's (CPRE) industry-educator summit on public relations education. New York, NY: The Commission on Public Relations Education.
15. Connelly, B. L., Certo, S. T., Ireland, R. D., & Reutzel, C. R. (2011). Signaling theory: A review and assessment. Journal of Management,

37(1), 3967. doi:10.1177/0149206310388419.

16. Cope, K. (2012). Seeing the big picture: Business acumen to build your credibility, career and company. Austin, TX: Greenleaf Book Group Press.

17. Daniels, C. (2015, April 10). How the CCO role is changing-It's complicated. PRWeek. Retrieved from http://bit.ly/1yjqReE. Accessed on May 1, 2017.

18. DiStaso, M. W., Stacks, D. W., & Botan, C. H. (2009). State of public relations education in the United States: 2006 report on a national survey of executives and academics. Public Relations Review, 35(3), 254269. doi:10.1016/j.pubrev.2009.03.006.

Dolphin, R. R., & Fan, D. (2000). Is corporate communications a strategic function? Management Decision, 38(2), 99-106.

19. Doorley, J., & Garcia, H. F. (2015). Reputation management: The key to successful public relations and corporate communication (3rd ed.). New York, NY: Routledge.

Duhé, S. (2013, December 12). Teaching business as a second language. Institute for Public Relations. Retrieved from http://bit.ly/1cGKcsw. Accessed on April 21, 2017.

20. Feldman, B. (2016, November 28). Dear comms exec: Basic business skills are still required. PRWeek. Retrieved from http://bit.ly/2ovUmWt. Accessed on April 20, 2017.

21. Goodman, M. B., & Hirsch, P. B. (2015). Corporate communication: Critical business asset for strategic global change. New York, NY: Peter Lang.

22. Groysberg, B. (2014, March 18). The seven skills you need to thrive in the C-suite. Harvard Business Review. Retrieved from http://bit.ly/2cuwDFX. Accessed on May 8, 2017.

23. Grunig, L. A., Grunig, J. E., & Dozier, D. M. (2002). Excellent public relations and effective organizations: A study of communication management in three countries. Mahwah, NJ: Erlbaum.

24. Haran, L., & Sheffer, G. (2015, March 24). Is the chief communications officer position going the way of the dodo? PRWeek. Retrieved from http://bit.ly/1OLpY3z. Accessed on May 1, 2017.

25. Harrison, E. B., & Mühlberg, J. (2015). Leadership communication: How leaders communicate and how communicators lead in today's global enterprise. New York, NY: Business Expert Press.

26. Kolberg, B. (2014, March). Getting down to business at public relations agencies. PR Update, 49(2), 6-7.

27. Laskin, A. V. (2011). How investor relations contributes to the corporate bottom line. Journal of Public Relations Research, 23(3), 302-324. doi:10.1080/1062726X.2011.582206.

28. Marron, M. B. (2014). Graduate degrees in journalism and the MBA. Journalism & Mass Communication Educator, 69(3), 3-4. doi:10.1177/1077695814523933.

29. Marshall, R., Fowler, B., & Olson, N. (2015a). The chief communications officer: Survey and finding among the Fortune 500. Los Angeles, CA: Korn Ferry Institute.

30. Marshall, R., Fowler, B., & Olson, N. (2015b). Trusted counsel: CEOs expand C-suite mandate for best-in-class corporate affairs officers. Los Angeles, CA: Korn Ferry Institute.

31. McGregor, J. (2017, April 27). The most important United Airlines policy change after its dragging fiasco could also be the hardest. The Washington Post. Retrieved from http://wapo.st/2oNsl1V. Accessed on April 30, 2017.

32. Mutzabaugh, B. (2017, April 27). United Airlines is making these 10 customer-service policy changes. USA Today. Retrieved from http://usat.ly/2oMarrd. Accessed on April 30, 2017.

33. Neill, M. S. (2015). Beyond the C-suite: Corporate communications' power and influence. Journal of Communication Management, 19(2), 118132. doi:10.1108/JCOM-06-2013-0046.

34. Neill, M. S., & Schauster, E. (2015). Gaps in advertising and public relations education: Perspectives of agency leaders. Journal of Advertising Education, 19(2), 5-17.

35. PRNews Pro. (2016a, August 29). PR pros still see writing as key to success, but analytics, digital, business skills also important. PRNewsPro, 7, 1, 3, 6.

36. PRNews Pro. (2016b, September 12). Report card from the academics: Next wave of PR pros lacks sharp writing, presentation skills. PRNewsPro, 7, 1, 3, 6.

37. Ragas, M. (2016). Public relations means business: Addressing the need for greater business acumen. Journal of Integrated Marketing Communications, 17, 34.

38. Ragas, M., & Culp, R. (2013, Spring). Taking care of business: How PR pros and academics can build a stronger profession. The Public Relations Strategist, 15-16.

39. Ragas, M. W., & Culp, R. (2014a). Business essentials for strategic communicators: Creating shared value for the organization and its stakeholders. New York, NY: Palgrave Macmillan.

40. Ragas, M., & Culp, R. (2014b, December, 22). Public relations and business acumen: Closing the gap. Institute for Public Relations. Retrieved from http://bit.ly/16MJ33P. Accessed on May 1, 2017.

41. Ragas, M., & Culp, R. (2015, May 1). Business weak: Five ways to build greater business acumen. Public Relations Tactics, p. 17.

42. Ragas, M. W., Uysal, N., & Culp, R. (2015). "Business 101" in public relations education: An exploratory survey of senior communication executives. Public Relations Review, 41(3), 378-380. doi:10.1016/j.pubrev.2015.02.007.

43. Roush, C. (2006). The need for more business education in mass communication schools. Journalism & Mass Communication Educator, 61(2), 195-204.

44. Sahel, J. (2017, February 14). The inner circle. Briefings (Korn Ferry Institute). Retrieved from http://www.kornferry.com/institute/the-inner-circle. Accessed on April 20, 2017.

45. Sievert, H., Rademacher, L., & Weber, A. (2016). Business knowledge as a limited success factor for communications managers: Results of a survey in the German-speaking context. In P. S. Bronn & A. Zerfass (Eds.), The management game of communication (pp.

3-22). Bingley, UK: Emerald Group Publishing Limited.

46. Spangler, J. (2014, June 2). Valued communicators understand the business. Institute for Public Relations. Retrieved from http://bit.ly/1xiYB8n. Accessed on June 6, 2014.

47. Spence, M. (1973). Job market signaling. Quarterly Journal of Economics, 87(3), 355374. doi:10.2307/1882010.

48. Spence, M. (2002). Signaling in retrospect and the informational structure of markets. American Economic Review, 92, 434-459.

49. Stiglitz, J. E. (2002a). Information and the change in the paradigm in economics. American Economic Review, 92(3), 460-501. doi:10.1257/00028280260136363.

50. Stiglitz, J. E. (2002b). The contributions of the economics of information to twentieth century economics. Quarterly Journal of Economics, 115(4), 1441-1478. doi:10.1162/003355300555015.

51. Swerling, J., Thorson, K., Tenderich, B., Yang, A., Li, Z., Gee, E., & Savastano, E. (2014). GAP VIII: Eighth communication and public relations generally accepted practices study. Los Angeles, CA: Strategic Communication & Public Relations Center, Annenberg School for Communication and Journalism, University of Southern California.

52. Tangel, A., & Carey, S. (2017). United Airlines reaches settlement with passenger dragged off Chicago flight. The Wall Street Journal, April 27. Retrieved from http://on.wsj.com/2py9abi. Accessed on April 30, 2017.

53. Turk, J. V. (1989). Management skills need to be taught in public

relations. Public Relations Review, 15(1), 38-52.

54. United Airlines, Inc. (2017, April 27). Actions speak louder than words. News.United.com. Retrieved from http://bit.ly/2pM6MxZ. Accessed on May 4, 2017.

55. USC Annenberg Center for Public Relations. (2017, March). 2017 global communications report. Los Angeles, CA: USC Annenberg School for Communication and Journalism.

56. Wilcox, D. L., & Cameron, G. T. (2012). Public relations: Strategies and tactics (10th ed.). Boston, MA: Allyn & Bacon.

57. Wright, D. K. (1995). The role of corporate public relations executives in the future of employee communications. Public Relations Review, 21(3), 181-198. doi:10.1016/0363-8111(95) 90020-9.

58. Wright, D. K. (2011). History and development of public relations education in North America: A critical analysis. Journal of Communication Management, 15(3), 236-255. doi:10.1108/13632541111151005.

第三章

59. Covey, S. R. (2004). The 7 habits of highly effective people: Powerful lessons in personal change. New York, NY: Simon & Schuster.

第八章

60. Edelman, Inc. (2016). 2016 Edelman Trust Barometer: Executive summary. New York, NY: Edelman, Inc.

第十二章

61. Coleman, J. (1977). Steve Martin onstage. New York Magazine, 10, 49.

第十三章

62. Swerling, J., Thorson, K., Tenderich, B., Yang, A., Li, Z., Gee, E., & Savastano, E. (2014, June). GAP VIII: Eighth communication and public relations generally accepted practices study (Q4 2013 data). Los Angeles, CA: Strategic Communications and Public Relations Center, Annenberg School for Communication and Journalism, University of Southern California.

第十四章

63. Ragas, M. W., Uysal, N., & Culp, R. (2015). "Business 101" in public relations education: An exploratory survey of senior communication executives. Public Relations Review, 41(3), 378-380. doi:10.1016/j.pubrev.2015.02.007.

第十五章

64. BusinessDictionary.com. (2017a). Communication. Retrieved from http://www.businessdictionary.com/definition/communication.html. Accessed on April 25, 2017.
65. BusinessDictionary.com. (2017b). Marketing. Retrieved from http://www.businessdictionary.com/definition/marketing.html. Accessed on April 25, 2017.

66. Wilson, E. (2015, June 10). 5 skills employers want that you won't see in a job ad. Retrieved from http://for.tn/1Mov6HP. Accessed on April 27, 2017.

第十八章

67. Boudreau, J. W. (2009). Allstate's "good hands" approach to talent management: An interview with Ed Liddy and Joan Crockett. In R. Silzer & B. E. Dowell (Eds.), Strategy-driven talent management: A leadership imperative (pp. 669-699). San Francisco, CA: Jossey-Bass.

68. Friedman, M. (1970, September 13). The social responsibility of business is to increase its profits. The New York Times Magazine, pp. SM17, SM122-SM125.

第十九章

69. John D. and Catherine T. MacArthur Foundation. (2015, February). MacArthur fellows program: Summary of 20122013 review. Chicago, IL: John D. and Catherine T. MacArthur Foundation.

70. McKeever, B., & Gaddy, M. (2016, October 24). The nonprofit workforce: By the numbers. Nonprofit Quarterly. Retrieved from https://nonprofitquarterly.org/2016/10/24/nonprofit-workforcenumbers/. Accessed on May 31, 2017.

第二十二章

71. Parmar, B. (2016, December 20). The most empathetic companies, 2016. Harvard Business Review.

第二十三章

72. APCO Worldwide (2016, November). Chief corporate communicator survey. Chicago, IL: APCO Worldwide.

73. Arthur W. Page Society. (2007). The authentic enterprise: An Arthur W. Page Society report. New York, NY: Arthur W. Page Society.

74. Arthur W. Page Society. (2013a). Corporate character: How leading companies are defining, activating and aligning values. New York, NY: Arthur W. Page Society.

75. Arthur W. Page Society. (2013b). The CEO view: The impact of communications on corporate character in a 24 × 7 digital world. New York, NY: Arthur W. Page Society.

76. Arthur W. Page Society. (2016). The new CCO: Transforming enterprises in a changing world. New York, NY: Arthur W. Page Society.

77. Arthur W. Page Society. (2017a). The CEO view: Communications at the center of the enterprise. Retrieved from http://bit.ly/2q4t2UI. Accessed on May 4, 2017.

78. Arthur W. Page Society. (2017b). The Page principles. AWPageSociety.com. Retrieved from http://www.awpagesociety.com/site/the-page-principles. Accessed on May 1, 2017.

79. Bain, M., & Jain, R. (2015, October). Higher value through higher performance: Findings from quantitative research on talent development and management in communication. Grand Rapids, MI: Upper 90 consulting.

80. Bain, M., & Penning, T. (2017, March). Understanding high

performance in corporate communications functions today: Key insights from in-depth interviews with Chief Communications Officers. Grand Rapids, MI: Upper 90 consulting.

81. Berger, B. K., & Meng, J. (Eds.). (2014). Public relations leaders as sensemakers: A global study of leadership in public relations and communication management. New York, NY: Routledge.

82. Bowen, S. A. (2008). A state of neglect: Public relations as "corporate conscience" or ethics counsel. Journal of Public Relations Research, 20(3), 271-296.

83. Bowen, S. A. (2009). What communication professionals tell us regarding dominant coalition access and gaining membership. Journal of Applied Communication Research, 37(4), 418-443. doi:1080/00909880903233184.

84. Byrum, K. (2013). PRSA MBA program: Bridging the gap between strategic communications education and master of business administration (MBA) curriculum. New York, NY: Public Relations Society of America.

85. Claussen, D. (2008). On the business and economics education of public relation students. Journalism & Mass Communication Educator, 63(3), 191-194.

86. Commission on Public Relations Education. (2012, October). Standards for a master's degree in public relations: Educating for complexity. New York, NY: The Commission on Public Relations Education.

87. Commission on Public Relations Education. (2015, May). Summary

report: Commission on Public Relations Education's (CPRE) industry-educator summit on public relations education. New York, NY: The Commission on Public Relations Education.

88. Covey, S. R. (2004). The 7 habits of highly effective people: Powerful lessons in personal change. New York, NY: Simon & Schuster.

89. Daniels, C. (2015, April 10). How the CCO role is changing-It's complicated. PRWeek. Retrieved from http://bit.ly/1yjqReE. Accessed on May 1, 2017.

90. DiStaso, M. W., & Bortree, D. S. (2012). Multi-method analysis of transparency in social media practices: Survey, interviews and content analysis. Public Relations Review, 38(3), 511-514. doi:10.1016/j. pubrev.2012.01.003.

91. Duhé, S. (2013, December 12). Teaching business as a second language. Institute for Public Relations. Retrieved from http://bit.ly/1cGKcsw. Accessed on April 21, 2017. Feldman, B. (2016, November 28). Dear comms exec: Basic business skills are still required. PR Week. Retrieved from http://bit.ly/2ovUmWt. Accessed on April 20, 2017.

92. Haran, L., & Sheffer, G. (2015, March 24). Is the chief communications officer position going the way of the dodo? PR Week. Retrieved from http://bit.ly/1OLpY3z. Accessed on May 1, 2017.

93. Hardeck, I., & Hertl, R. (2014). Consumer reactions to corporate tax strategies: Effects on corporate reputation and purchasing behavior.

Journal of Business Ethics, 123(2), 309-326. doi: 10.1007/s10551-013-1843-7.

94. Harrison, E. B., & Mühlberg, J. (2015). Leadership communication: How leaders communicate and how communicators lead in today's global enterprise. New York, NY: Business Expert Press.

95. Laskin, A. V. (2011). How investor relations contributes to the corporate bottom line. Journal of Public Relations Research, 23(3), 302-324. doi:10.1080/1062726X.2011.582206.

96. Laskin, A. V. (2016). Nonfinancial information in investor communications. International Journal of Business Communication, 53(4), 375-397. doi: 10.1177/2329488414525458.

97. Marshall, R., Fowler, B., & Olson, N. (2015a). The chief communications officer: Survey and finding among the Fortune 500. Los Angeles, CA: The Korn Ferry Institute.

98. Marshall, R., Fowler, B., & Olson, N. (2015b). Trusted counsel: CEOs expand C-suite mandate for best-in-class corporate affairs officers-and especially for the strategic advice they provide. Los Angeles, CA: The Korn Ferry Institute.

99. Men, R. M., & Bowen, S. A. (2017). Excellence in internal communication management. New York, NY: Business Expert Press.

100. Neill, M. S. (2015). Beyond the C-suite: Corporate communications' power and influence. Journal of Communication Management, 19(2), 118-132. doi: 10.1108/JCOM-06-2013-0046.

101. Ragas, M. (2016). Public relations means business: Addressing the need for greater business acumen. Journal of Integrated Marketing

Communications, 17, 34.

102. Ragas, M., & Culp, R. (2013, Spring). Taking care of business: How PR pros and academics can build a stronger profession. The Public Relations Strategist, 15-16.

103. Ragas, M., & Culp, R. (2014b, December, 22). Public relations and business acumen: Closing the gap. Institute for Public Relations. Retrieved from http://bit.ly/16MJ33P. Accessed on May 1, 2017.

104. Ragas, M., & Culp, R. (2015, May 1). Business week: Five ways to build greater business acumen. Public Relations Tactics, p. 17.

105. Ragas, M. W., & Culp, R. (2014a). Business essentials for strategic communicators: Creating shared value for the organization and its stakeholders. New York, NY: Palgrave Macmillan.

106. Ragas, M. W., Uysal, N., & Culp, R. (2015). “Business 101” in public relations education: An exploratory survey of senior communication executives. Public Relations Review, 41(3), 378-380. doi: 10.1016/j.pubrev.2015.02.007.

107. Rawlins, B. L. (2009). Give the emperor a mirror: Toward developing a stakeholder measurement of organizational transparency. Journal of Public Relations Research, 21(1), 71-99. doi:10.1080/10627260802153421.

108. Roush, C. (2006). The need for more business education in mass communication schools. Journalism & Mass Communication Educator, 61(2), 195-204.

109. Sahel, J. (2017, February 14). The inner circle. Briefings (Korn Ferry Institute). Retrieved from http://www.kornferry.com/institute/the-inner-circle. Accessed on April 20, 2017.

110. Spangler, J. (2014, June 2). Valued communicators understand the business. Institute for Public Relations. Retrieved from http://bit.ly/1xiYB8n. Accessed on June 6, 2017.

111. Turk, J. V. (1989). Management skills need to be taught in public relations. Public Relations Review, 15(1), 38-52.

112. U.S. Bureau of Labor Statistics. (2017). Occupational outlook handbook, 2016-2017 edition. Washington, DC: Office of Occupational Statistics and Employment Projections.

113. USC Annenberg Center for Public Relations. (2017, March). 2017 global communications report. Los Angeles, CA: USC Annenberg School for Communication and Journalism.

114. Uysal, N. (2014). The expanded role of investor relations: Socially responsible investing, shareholder activism, and organizational legitimacy. International Journal of Strategic Communication, 8(3), 215-230. doi: 10.1080/1553118X. 2014. 905478.

115. Uysal, N., & Tsetsura, K. (2015). Corporate governance on stakeholder issues: Shareholder activism as a guiding force. Journal of Public Affairs, 15(2), 210219. doi: 10. 1002/pa. 1529.

116. Wright, D. K. (1995). The role of corporate public relations executives in the future of employee communications. Public Relations Review, 21(3), 181-198. doi: 10. 1016/0363-8111(95) 90020-9.

附录　部分作者的补充资料

马克·贝恩是阿珀90咨询公司总裁，该公司专门帮助领导者及其团队适应环境、获得成长和实现卓越。他通过功能评估、组织设计、职业发展和高管培训等工具，帮助大型企业实现更大的商业价值。此前，马克曾在全球顶尖的贝克·麦坚时国际律师事务所负责内部和全球传播。他也曾在全球最大的直销公司——安利公司担任类似的职位，连续多年向公司的法务总监汇报。马克的职业生涯始于博雅公关公司，并先后在纽约、洛杉矶、香港和东京的办公室任职。阿珀90咨询公司与大学合作，针对人才管理、职业发展和企业传播中的高绩效团队开展研究。马克是阿瑟·佩奇协会的成员。

凯瑟琳·贝瑟在多个不同的行业担任过首席传播官和机构高管。她曾担任爱德曼国际公关公司的全球企业实践主席，负责建立投资组合，为客户提供咨询，带领团队制定“信任晴雨表”，并加强公司的能力。在加入爱德曼之前，凯瑟琳曾任希尔顿酒店集团的企业传播执行副总裁，以及发现金融服务公司的企业传播主管。她还曾在一些世界领先的公关公司工作过几年，包括博雅公关、高诚公关和伟达公关。凯瑟琳是阿瑟·佩奇协会的会员，也是公共关系研究所的理事会成员。她拥有美国西北大学政治学学士学位和美国西北大学梅迪尔新闻学院硕士学位。

罗杰·博尔顿是阿瑟·佩奇协会的主席、受托管理人和前任董事长，该协会是企业传播高管的专业协会。在此之前，他曾担任安泰保险公司高级传播副总裁，负责所有内部和外部传播、广告、品牌管理和公众参与事务。在加入安泰之前，博尔顿担任IBM公司媒体关系总监，以及IBM服务器和软件集团的传播总监。在投身商界之前，博尔顿曾在乔治·布什总统任职期间担任财政部负责公共事务的助理部长，在里根总统任职期间担任白宫特别助理以及美国公共事务助理贸易代表。博尔顿是美国财政部杰出服务奖获得者，并荣获非正式咨询委员会Trust Across颁发的“值得信赖的商业行为思想领袖”终身成就奖。

卡罗尔·卡斯托是康明斯公司营销和传播副总裁，负责营销传播和企业传播工作。在从事传播领域之前，卡罗尔先后在企业战略和产品质量两个部门担任领导职务。在加入康明斯公司之前，卡罗尔在印第安纳州政府担任家庭和社会服务部以及环境管理部的首席运营官。她获得了《印第安纳波利斯商业杂志》（*Indianapolis Business Journal*）“Forty Under 40”奖项的提名，并被选为马奎特大学100名顶尖女校友之一。2011年，她因拍摄了一部介绍印度创新发电的视频而获得波士顿大学企业公民电影节奖。卡罗尔现与丈夫比尔·巴霍斯特（Bill Barnhorst）和儿子利奥（Leo）居住在印第安纳州的印第安纳波利斯。

托尼·塞尔沃纳于2014年5月被任命为通用汽车公司全球传播高级副总裁。作为通用汽车的首席传播主管，他负责制定公司的全球传播战略，包括通用汽车基金会和公司捐赠活动。在担任现职之前，塞尔沃纳曾是美国大众汽车集团传播执行副总裁。他还曾任美国联合航空公司的高级副总裁兼首席传播官。塞尔沃纳于1999年至2009年间在通用汽车担任多种高管职务。他在克莱斯勒公司开始了职业生涯。塞尔沃纳获得了中央密歇根大学新闻专业学士学位。他是阿瑟·佩奇协会、美国公共关系协会和研讨会的会员，也是拉格朗基金会董事。

罗恩·卡尔普是一位经验丰富的公关主管，担任过政府、公司、机构和学术界的高级职位。在加入德保罗大学传播学院担任公共关系和广告研究生院的专业主任之前，他曾担任凯旋公关公司芝加哥分公司的总经理。在任职于商业机构之前，他曾先后在莎莉集团、必能宝软件公司（Pitney Bowes）和礼来制药公司（Eli Lilly）担任高级企业传播职务，并在西尔斯百货担任公共关系和政府事务主管。从印第安纳州立大学毕业后，他成为一名报社记者，后分别在印第安纳州和纽约州政府任职。作为德保罗大学的常驻专家，罗恩负责教授有关芝加哥公司、机构管理和领导力的课程。除了合著本书，罗恩还在著名的公关职业博客CulpWrit上面撰稿。他与马修·拉加斯合著了《战略传播的业务要领》。罗恩活跃于多个行业和民间组织，是众多奖项的获得者，包括美国公共关系协会知名的“金砧奖”、阿瑟·佩奇协会的“荣誉殿堂奖”和“杰出服务奖”，并被列入《克雷恩芝加哥商业名人录》。

科里·杜布罗瓦是全球领先的赛富时软件公司的执行副总裁兼首席传播官。此前，科里曾任星巴克全球传播高级副总裁，负责制定和执行传播战略，提升和保护企业品牌和形象。在2010年加入星巴克公司之前，他曾连续十年在万卓环球公关公司（WE Worldwide）担任业务开发总裁，为微软公司、美国电信运营商T-Mobile和东芝公司等客户提供咨询服务。在此之前，他在耐克公司负责美国地区的员工传播活动和城市营销战略。他拥有俄勒冈大学新闻学学士学位，曾担任俄勒冈大学校友会主席两年，在2012至2014年间担任新闻传播学院顾问委员会主席。自2015年起，他在美国南加州大学安妮伯格传播领导力与政策中心的阿瑟·佩奇协会董事会和顾问委员会任职。

保罗·杰拉德在企业和咨询领域拥有三十多年的公关和营销传播

经验，通过保护和提升企业品牌和声誉推动增长、创造长期价值。他是蓝十字与蓝盾协会战略传播副总裁，该协会是一个由36家独立的、基于社区的本地公司组成的全国性联合会。保罗负责开发和管理协会的传播职能、综合的公共关系战略和全国范围的企业社会责任工作。他还为协会的企业高管成员提供危机传播、媒体关系和公共事务咨询。在加入协会之前，他在哈门那保险公司（Humana）担任企业事务总监。在此之前，他曾担任美国中西部的顶尖机构——公共关系网络（Public Relations Network）的总裁和合伙人。杰拉德出生于英国，他的职业生涯始于欧洲公共关系领域，曾担任巴斯公司（Bass）的公共事务经理。保罗获得了肯特大学的学士学位。他是美国公共关系协会“银砧奖”获得者，阿瑟·佩奇协会会员，曾在多个机构的董事会任职。

查克·格林纳是沃博联公司企业事务和传播高级副总裁。他于2010年加入沃尔格林公司，并继续在合并后的沃博联任职；在此之前，格林纳曾于2001年至2009年在担任房利美公司的多个高级职位，最终担任首席营销和传播官，以及首席执行官和董事长的办公室主任。从1995年到2001年，格林纳负责领导培恩国际公关公司（Porter Novelli）华盛顿分公司，管理公共事务。格林纳曾在政界和政府工作30多年，包括在里根政府的立法事务办公室任职，担任国会办公厅主任，并于1993至1995年间在哈雷·巴伯（Haley Barbour）执掌的共和党全国委员会负责传播工作。他还为美国众议院和参议院，以及俄亥俄州和新泽西州的州长组织了多场竞选活动。格林纳在瓦尔帕莱索大学获得了历史和政治学学士学位。

乔恩·哈里斯是康尼格拉食品公司首席传播官，直接向首席执行官汇报。公司首席执行官理解传播对于公司及其文化的成功转型至关重要。乔恩在二十多年的传播职业生涯中与总统、名人和许多非常优秀的同事打过交道，对他来说是非常令人兴奋的经历。他最早任职于公关机构，后来有机会为百事、倍力健身、莎莉集团和肉类食品公司Hillshire等全球公司保护和提升品牌形象。乔恩从事过多种工作，包括推出软饮料，处理危机传播，吸引全球员工参与，以及帮助企业成功达成数十亿美元的交易。在所有职位上，他与多个团队密切合作，面向员工、股东、客户、有影响力者和媒体开展清晰、一致的传播活动。

克拉克森·海恩是一名企业高管，在为上市和非上市公司、消费者品牌、企业和政府领导者建立、促进和维护声誉方面具有丰富的经验。他对于危机传播和在监管严密的行业倡导全球公共政策也颇有经验。克拉克森目前担任世界第三大优质烈酒公司宾三得利的企业传播和公共事务高级副总裁，负责公司的战略传播项目，包括外部传播、内部传播和企业社会责任。此外，他负责领导公司的全球公共事务与政府关系工作。在1998年进入商业领域之前，克拉克森曾在美国参议院担任高级传播职务，负责参议院领导、总统竞选活动和选举后人员安排等工作，还在鲍勃·多尔（Bob Dole）成为美国参议院共和党领袖的任期内连续三年担任新闻秘书。

乔·杰克西是雪佛兰公司的执行董事，负责全球传播工作。在担任这一职务之前，乔曾任美国奥迪公司的副总裁兼首席传播官，负责管理公司的内部和外部传播，包括员工、经销商、客户、媒体和其他受众。乔曾在奥迪、福特、通用汽车、日产和三菱等汽车公司担任公共关系和传播职务。他还作为百事公司的饮料推广副总裁，帮助组建了饮料推广团队。乔成立了汽车售后技术服务创业公司。他在通用汽车任职期间，承担过多项内部和外部传播工作，包括领导雪佛兰传播活动，在通用汽车欧洲、英国以及拉美、非洲和中东分公司负责产品和品牌传播工作。乔一生热爱高性能汽车和赛车。他从小到大在加利福尼亚州北部和南部的各种赛道上观看和参与过赛车活动。

理查德·吉尔伯格是艾睿电子的营销和传播高管。艾睿电子是一家拥有80年历史的《财富》150强企业，在58个国家设有办事处。在五年的时间里，理查德建立了强大的品牌信息网，将这家在世界各地高度分散的公司联合起来，将品牌价值提升至约20亿美元。在过去的四年里，艾睿电子被《财富》杂志评为该行业“最受尊敬的公司”。在加入艾睿电子之前，理查德花了20年的时间创业，在美国各地拥有多家广播电台。他完成了五届铁人三项运动，是铁人三项美国代表队的优秀成员。他获得了斯坦福大学文学学士学位、哈佛商学院工商管理硕士学位。

彼得·马里诺在公共关系、政府事务和战略咨询方面拥有二十多年的经验。作为米勒康胜啤酒公司的首席公共事务和传播官，马里诺是高级领导团队、战略委员会和经营委员会的成员，直接向首席执行官汇报。马里诺还担任第十布莱克啤酒公司工艺和进口业务总裁。他是传播公司迪格（Dig）的创始人，该公司以优秀的文化以及卓越的创造力、客户服务和业务成果而闻名。2010年11月，马里诺将Dig出售给奥尔森咨询公司（Olsen），并于2012年离职，加入长期客户米勒康胜啤酒公司。在职业生涯早期，他曾先后在米勒酿酒公司、波士顿咨询集团、克拉默·科拉塞尔特公司和凯旋公关公司任职。马里诺拥有加州大学洛杉矶分校安德森学院的工商管理硕士学位，以及威斯康星大学麦迪逊分校的文学学士学位。他是阿瑟·佩奇协会和研讨会的会员。

凯利·麦金尼斯作为李维斯公司的首席传播官，负责在这家拥有160年历史的服装公司管理全球事务。她主要负责管理媒体关系、行政事务、内部和利益相关者传播、政府事务、社会责任和社区事务。凯利向首席执行官奇普·伯格（Chip Bergh）汇报。此前，凯利担任戴尔全球传播副总裁。在加入戴尔之前，她先后在福莱国际传播咨询公司圣路易斯和圣安东尼奥分公司任职，并担任旧金山分公司总经理。在职业生涯的早期，凯利曾在在线药品和保健品零售商（Drugstore）领导企业传播部门。她曾两次获得“银砧奖”。她拥有华盛顿大学公共管理硕士学位和俄亥俄州迈阿密大学学士学位。

马特·皮考克是沃达丰集团的企业事务总监，在40多个国家和地区领导企业传播和可持续业务战略。他曾担任英国天然气集团（BG）的传播总监，以及英国通信监管机构Ofcom、全球互联网服务提供商美国在线（AOL）的传播总监。他曾是英国广播公司新闻部的电台记者，曾在欧洲、中东地区、亚洲和北美洲进行报道。

马修·拉加斯是德保罗大学传播学院的副教授，负责教授战略传播、商业和社会学方面的课程。他曾担任德保罗大学公共关系和广告研究生项目的学术总监。除了本书，马修还有其他三本书，包括与罗恩·卡尔普合著《战略传播的业务要领》。作为一名屡获殊荣的教师和研究人员，他在本领域的多种优秀学术期刊和行业出版物上发表过学术研究和评论。在进入学术界之前，马修曾从事投资研究和出版、金融传播和风险投资。作为阿瑟·佩奇协会下设的Page Up组织的创始会员，他担任过多个学生案例研究的教员顾问，并获得了杰克·科腾·佩奇法则案例研究奖。他拥有大众传播专业的博士学位，重点研究佛罗里达州立大学的企业传播，以及佛罗里达中部大学工商管理硕士和学士学位。

安吉拉·罗伯茨是美国兽医协会的首席营销和传播官。她之前是蓝十字与蓝盾协会战略传播部总经理，负责领导多个团队，包括内部传播、人力资源传播、数字传播，以及一个专门面向36家协会独立企业会员传播的团队。她在战略营销和企业传播方面拥有20年的经验，从事过多种不同的行业，包括医疗保健、工程、技术、高等教育、金融和出版。她曾在美国癌症治疗中心、约翰·霍普金斯大学、声网公司（Agora）、美盛集团和当地非营利组织领导开展传播活动。她的专业领域包括战略传播、营销、品牌、写作和编辑、市场研究以及数字传播。安吉拉获得了巴尔的摩马里兰大学的文学学士学位，以及翰霍·普金斯大学的文学硕士学位。她还获得了美国西北大学凯洛格管理学院的战略营销证书。

琳达·卢瑟福是美国西南航空的高级副总裁兼首席传播官，该公司总部位于得克萨斯州达拉斯。琳达的领导职责包括指导媒体关系、员工传播、应急响应、战略公关、商务合作、慈善捐赠和社区关系、视觉传播、员工参与和差旅、社区事务和基层组织等工作。在加入美国西南航空公司之前，她是《达拉斯时代先驱报》（*Dallas Times Herald*）的记者，积累了大量报纸和杂志报道经验。她拥有得克萨斯理工大学新闻学学士学位。在民间和专业活动方面，她在得克萨斯理工大学校友会、路易斯维尔大学独立校区教育基金会和公共关系研究所担任董事，同时还是阿瑟·佩奇协会会员。她还任职于商会董事会、州级和国家级非营利组织。

斯泰西·夏普是好事达保险公司企业关系高级副总裁，通过帮助公司首席执行官、首席财务官和集团主要业务部门开展内部和外部传播，帮助讲述公司转型和成长的故事。斯泰西在该公司工作了21年，始终致力于提升公司的话语权。除了企业关系，她还担任过业务运营、联邦事务和人力资源等部门的领导。她在芝加哥城市联盟董事会和芝加哥的一家咨询机构“面对历史和我们自己”（Facing History and Ourselves）任职。她入选了《山丘》杂志（*The Hill*）2011年的优秀企业传播者名单，也是2007年大芝加哥地区领导力研究员。斯泰西拥有弗吉尼亚大学的英语文学学士学位和芝加哥伊利诺伊大学的工商管理硕士学位。

加里·谢弗是传播战略、危机管理和文化变革领域备受尊崇的全球领导者。在通用电气任职的16年，他大部分时间担任首席传播官，现在是万博宣伟公关公司的高级企业策略师。在通用电气，谢弗曾任首席传播官，负责制定危机处理、风险评估和战术执行流程。他与首席执行官合作开发了战略传播和文化平台，包括品牌和声誉计划。谢弗的第一份工作是一名记者，通过报纸新闻和写作多次获奖。后来，他转而从事公共信息领域，担任两届纽约州长的新闻助理。谢弗是阿瑟·佩奇协会的前主席和受托管理人，该协会是全球企业高级传播人员的专门组织。他是公共关系研究所和阿瑟·佩奇协会宾夕法尼亚州立传播学院的董事会成员。他获得了公共关系研究所杰克·费尔顿终身成就奖，同时还是美通社和《公关周刊》名人堂成员。

安德鲁·所罗门是美国最大的私人慈善机构之一——麦克阿瑟基金会的董事总经理，负责传播工作。他为基金会的战略工作提供指导，利用传播手段帮助实现社会变革。在2005年加入基金会之前，所罗门曾任哈佛大学政治学院的传播与战略总监。此前，他曾任美国市长会议的公共事务主任，并在克林顿第二届政府期间担任美国农业部的公共事务主任兼新闻秘书。所罗门还曾担任马萨诸塞州参议院议长和新闻与立法助理、预算旅行指南的编辑和大学广播电台新闻负责人，另外至少有四次实习。他拥有哈佛大学学士学位和哈佛大学肯尼迪政府学院公共政策硕士学位。

B. J. 塔利是高级战略传播从业者和教育者，在政府机构、国际私人企业和上市公司领导战略传播方面具有丰富经验。他目前担任泰科电子的高级传播总监。泰科电子是一家价值120亿美元的全球技术公司，设计和制造交通、工业应用、医疗技术、能源、数据通信和家用的主要元件。塔利负责公司的所有内部、外部和危机传播，以及在公司开展业务的150个国家维护公司声誉。塔利曾在位于华盛顿的美国大学教授研究生战略传播课程；在此之前，他曾在美国国际电话电报公司、马士基集团、博思艾伦咨询公司和美国海军担任过多种传播职务。

安妮·图卢兹是波音公司全球品牌管理和广告营销副总裁。波音是全球最大的航空企业之一，也是商用喷气式客机和国防、航天和安全系统的领先制造商。安妮负责公司的全球品牌建设，管理数字和广告战略、品牌赞助、“波音商店”和企业形象等领域。2016年，她牵头制订了大规模、多渠道的波音百年计划。1989年，安妮加入麦克唐纳—道格拉斯公司，担任加利福尼亚州亨廷顿海滩分公司的太空和国防项目媒体关系经理，后升任传播总监。1997年，波音公司和麦克唐纳—道格拉斯公司合并；安妮于1999年移居芝加哥，先后担任企业身份和广告副总裁以及传播业务运营副总裁。2008年1月至2014年7月，她担任员工传播副总裁。1980年，她初入职场，第一份工作是在美国佛罗里达州帕特里克空军基地担任作家和编辑。在那之后，她开始从事媒体关系，担任过二十几次太空发射和导弹试验活动的发言人，后成为社区关系主管。安妮拥有佛罗里达州立大学理学学士学位。

尼克·提森是思爱普公司营销和传播执行副总裁，向公司首席执行官比尔·麦克德莫特汇报，负责管理公司两千名营销人员和传播专业人员。他在公共和私营领域拥有近20年的传播经验。在加入思爱普之前，他服务过一系列客户，包括美国小企业管理局、伊利诺伊大学和克罗诺斯公司（Kronos）。在就职于政治和公共服务领域的过程中，他曾为马萨诸塞州前州长保罗·切卢奇（Paul Cellucci）和威拉德·罗姆尼（Millard Romney）工作。在国家层面，他在2000年佛罗里达州重新计票这一著名事件中帮助清点“悬空票”，并担任美国司法部以及卫生与公共服务部的高级官员。尼克是一位业余网球选手，曾在芝加哥电台主持过一个周末脱口秀节目。他积极支持阿尔茨海默病协会和家庭基金会的活动。

杰弗里·温顿是安斯泰来制药公司的高级副总裁，温顿负责品牌和声誉管理，领导一支由传播、企业社会责任和大型事件、政府事务、政策和宣传专业人士组成的多元化团队。温顿是安斯泰来美洲管理委员会的成员，也是公司“残疾人士”员工资源小组的执行主管。在2013年加入安斯泰来之前，温顿曾在其他领先的制药公司担任副总裁兼全球传播主管，包括礼来制药公司、先灵葆雅制药公司（Schering Plough）和法玛西亚制药公司（Pharmacia）。温顿在位于纽约伊萨卡的康奈尔大学获得了生命科学学士学位。他在康奈尔大学农业与生命科学学院咨询委员会任职。温顿是美国公共关系学会卫生学院的董事，是该学院“卓越公关成就奖”的第一位获奖者。他是普朗克中心“培训里程碑成就奖”的获得者，同时还被评为美国公共关系学会芝加哥分会年度公共关系专业人员和国际商业传播者协会年度传播人员。温顿是两家优秀的公关和企业传播高管专业协会——阿瑟·佩奇协会和研讨会的会员。

致谢

我们想要对许多教育者、传播人员、学生和同事表达感谢，这些人激励我们针对商业智慧这个主题进行写作、演讲和教学。大家对我们的第一本书《战略传播的业务要领》的支持激励我们开启了更加雄心勃勃的项目，包括本书的创作。我们尤其要感谢对本书作出贡献的所有人，他们在百忙之中抽出时间，与下一代战略传播的领军人物分享自己作为首席传播官的见解和经验。

我们非常感谢本书的杰出编辑夏洛特·梅奥拉纳（Charlotte Maiorana）和爱墨瑞得（Emerald）出版社优秀团队的支持。夏洛特从一开始就看到了本书的价值和必要性。我们还要感谢现已转型为文学经纪人的上一位编辑蕾拉·坎波里（Leila Campoli）一直以来给予的指导和支持。另外，要特别感谢研究生助教凯文·斯皮塔（Kevin Spitta）在编辑过程中提供的帮助。凯文可以同时承担大量工作，却仍然完美地安排每项工作的时间，同时面带微笑地说着鼓励的话语。我们相信他的前途定会一片光明。最后，我们要感谢德保罗大学传播学院院长萨尔玛·加尼曼（Salma Ghanem）和其他同事们。大家不遗余力地将知识传授与学生，让世界变得更美好，这使我们感到了极大的激励。

教育者、传播人员和学生对于《战略传播的业务要领》的反馈，以及他们在本书的写作和编辑过程中提供的建议非常关键。我们特别要感谢以下大学和学院的教职人员将《战略传播的业务要领》列为教学素材：美利坚大学、贝勒大学、波士顿大学、杨百翰大学、加利福尼亚州立大学萨克拉门托分校、哥伦比亚大学、佛罗里达海湾海岸大学、乔治敦大学、大峡谷州立大学、芝加哥洛约拉大学、马凯特大学、纽约大学、西北大学梅迪尔新闻学院、亚拉巴马大学、佐治亚大学、明尼苏达大学以及南加州大学安妮伯格传播与新闻学院。如有遗漏，请见谅。一些公司高管和部门领导也将《战略传播的业务要领》作为培养团队成员的素材之一，对此我们深表感激，同时也很开心有机会就这一话题与这些团队交流合作。

公共关系和战略传播领域有着光明的未来，一个原因在于我们这个行业中有着非常优秀的学术和专业团队，还有致力于为这些组织提供指导的领导者和志愿者。我们感谢以下协会和中心的贡献：阿瑟·佩奇协会、阿瑟·佩奇公共传播信誉中心、新闻与大众传播教育协会、传播评估协会、商业营销协会、公共关系教育委员会、国际企业传播协会、国际商业传播者协会、国际公共关系研究大会、公共关系研究所、国际传播协会、公共关系博物馆、国家投资者关系研究所、公共关系领导力政策中心、公关委员会、美国公共关系协会基金会、芝加哥传播协会、美国公共关系协会和美国公共关系学生协会，以及美国南加州大学公共关系中心。

马修感谢他的父母和家人从他很小的时候起便培养了他学习的热情。无论是对历史、阅读、写作、新闻、政治还是商业领域的兴趣，他都得到了鼓励和支持。他在成长过程中不仅会阅读或收看商业新闻，而且在他的父母的支持下，他有机会真正尝试股票投资，并跟踪投资业绩。对于他的创业理念和在初创公司的工作——有些大获成功，有些则一败涂地——他得到的只有鼓励。无论如何，他的父母始终对他最新和最伟大的成就表示赞赏。马修还要感谢为他的职业和个人发展提供助力的各位导师，包括爱德华·格雷斯（Edward

Grace）、斯皮罗·库西斯（Spiro Kiousis）和罗恩·卡尔普。未来的传播领导者要注意了：罗恩让我们看到，“努力处事、认真待人”才是正确的领导方式。

罗恩向德保罗大学的同事和其他教育者表示感谢，他在漫长的职业生涯中一直服务于公司和机构，而这些人热情地欢迎他来到学术界。罗恩认为自己是一名“实践型学者”，他感激各方给学生和教育者提供越来越多的体验机会。为此，他要向弥合了教育者和专业人士之间鸿沟的公共关系领导力政策中心表达感谢。与马修一样，罗恩也要感谢诸多师友，其中一些人已经离开了我们——贝齐·普朗克（Betsy Plank）、丹·埃德尔曼（Dan Edelman）、艾尔·戈林和杰克·雷蒙德（Jack Raymond）。他们和其他人对罗恩的生活和事业产生了巨大的影响。罗恩还要感谢同事兼好友马修·拉加斯以及数百名学员，这些人对他的生活和事业起到了至关重要的作用。所有人都证实了一点：师生关系是双向的。这些未来的行业领袖每天都在做着让他感到骄傲的事。

最后，感谢本书的读者。你对商业智慧和战略传播领导力的兴趣不仅有益于你自身和你的职业发展，而且有利于提升行业的整体地位及其为企业和整个社会创造价值的能力。

马修·拉加斯
罗恩·卡尔普